Alexander Rüstow

Die Religion der Marktwirtschaft

Walter Eucken Archiv

Reihe Zweite Aufklärung

Band 4

LIT

Alexander Rüstow

DIE RELIGION DER MARKTWIRTSCHAFT

Mit einem Nachwort von
Sibylle Tönnies

LIT

Bibliografische Information Der Deutschen Bibliothek
Die Deutsche Bibliothek verzeichnet diese Publikation in der Deutschen Nationalbibliografie; detaillierte bibliografische Daten sind im Internet über http://dnb.ddb.de abrufbar.

3. Auflage 2009

ISBN 978-3-8258-4848-4

Verlagskontakt:
Fresnostr. 2 D-48159 Münster
Tel. +49 (0)251–62 03 20 Fax +49 (0)251–23 19 72
e-Mail: lit@lit-verlag.de http://www.lit-verlag.de

Inhalt

Vorwort

Die politische Macht soll von den Bürgern und ihren demokratischen Vertretern ausgehen. Sie gerät aber immer mehr in die Hand wirtschaftlicher Interessengruppen. „Corporate Europe“[1] bestimmt zunehmend unser Leben. Der demokratische Rechtsstaat ist gefährdet. Doch hier gibt es ein Tabu: Wirtschaftsmacht wird als naturgegeben hingenommen.

Der heute als modern und rational geltende Glaube an die unentrinnbare Eigendynamik der Machtentfaltung auf den Märkten hat nach Rüstow nichtrationale, vormoderne Ursprünge. Seine sozialwissenschaftliche Analyse führt zu dem Schluß: Das lähmende Gefühl der Alternativlosigkeit gegenüber dem „Kapitalismus“ kann mit einem weiterentwickelten Liberalismus überwunden werden. Rüstow ent-

1 Siehe z. B.: Belén Balanyá/Ann Doherty/Oliver Hoedeman/Aam Ma'anit/Erik Wesselius, Europe Inc. - Regional and Global Restructuring and the Rise of Corporate

wirft eine freie Marktwirtschaft ohne Kapitalismus.

Unter dem Eindruck des Nationalsozialismus beschäftigte sich Alexander Rüstow schon in den dreißiger Jahren mit den Ursachen für das Versagen des sogenannten Wirtschaftsliberalismus. Diese Analyse ist heute wieder sehr aktuell. Hinter der Resignation der Demokratie gegenüber dem „globalen Standortwettbewerb“ ist der alte Glaube an die unsichtbare Hand der Mächte des Marktes wirksam. Diesen Aberglauben führt Rüstow auf metaökonomische, pseudoreligiöse Ursprünge zurück, die seit Adam Smith im ökonomischen Denken mitgeschleppt werden.

Den Vortrag „General Sociological Causes of the Economic Disintegration and Possibilities of Reconstruction“ wollte Rüstow im September 1939 in Genf auf einer von Wilhelm Röpke vorbereiteten internationalen Konferenz über „Internationale Desintegration“ halten. „Das Thema erwies sich als nur allzu zeitgemäß“, stellte Rüstow fest. Die Konferenz scheiterte am Kriegsgeschehen. Rüstow war der einzige ausländische Teilnehmer, dem es noch gelang, nach Genf zu kommen.

Den für die Konferenz vorgesehenen Beitrag veröffentlichte Rüstow schließlich als Appendix des Buches „International Economic

---

Power, Pluto Press in association with Corporate Europe Observatory (CEO), London 2000.

Disintegration“ von Wilhelm Röpke.[2] Im ersten, „Deficiencies of Liberalism: Their Source in the History of Thought“ überschriebenen Teil – dieser in der Emigration entstandenen Veröffentlichung – entfaltet er seine liberale Kritik am Liberalismus. Diese sozialphilosophische Analyse wird in diesem Buch in Übersetzung von Heiko Dahle (Hochschule Bremen) unter dem Titel „Die Defizite des Liberalismus“ als erstes Kapitel veröffentlicht.

Der unvollständigen Aufklärung setzt Alexander Rüstow das Weiterdenken der Aufklärung entgegen. Der zweite Teil dieses Buches enthält Rüstows Antwort auf die Unfähigkeit des verkürzten Liberalismus, der freiheitsgefährdenden Wirtschaftsmacht entgegenzutreten. Seinen Ent-

2 Alexander Rüstow, General Sociological Causes of the Economic Disintegration and Possibilities of Reconstruction, in: Wilhelm Röpke, International Economic Disintegration, London 1942, S. 267–283. Seine Theorie der „subtheologischen Befangenheit“ des Wirtschaftsliberalismus skizzierte er zuerst 1939 auf dem „Colloque Walter Lippmann“ vor Sozialwissenschaftlern wie z. B. Hayek, Mises, Polanyi (Causes psychologiques et sociologiques du déclin du liberalisme, in: Travaux du Centre International d'Etudes pour la Rénovation du Libéralisme, Cahier 1, Colloque Walter Lippmann, Paris 1939, S.40 f., 64, 77–83, 90–92, 105). Rüstow entwickelte seine Theorie weiter in: Alexander Rüstow, Das Versagen des Wirtschaftsliberalismus als religionsgeschichtliches Problem, Istanbul 1945, 2. Aufl., Bad Godesberg 1950. Eine von Gerhard und Frank Maier-Rigaud herausgegebene Neuauflage soll im Metropolis-Verlag, Marburg, erscheinen.

wurf des Dritten Weges publizierte Rüstow zum ersten Mal 1942 als kleine Skizze „Possibilities of Reintegration: The Third Way" gemeinsam mit „Deficiences of Liberalism: Their Source in The History of Thought" („Die Defizite des Liberalismus"). Sieben Jahre später schrieb Rüstow[3], das diese Veröffentlichung von 1942 seinen programmatischen Entwurf nur „auszugsweise" dargestellt habe und legte eine vollständige Fassung vor. Er veröffentlichte sie 1949 im zweiten Band von „ORDO, Jahrbuch für die Ordnung von Wirtschaft und Gesellschaft", das von seinen Freunden Walter Eucken und Franz Böhm herausgegeben wurde. Wir veröffentlichen hier als zweites Kapitel die vollständige, weiterentwickelte Fassung von 1949.

Eingehend auf die damalige Diskussion hatte Rüstow seinem Entwurf des Dritten Weges von 1949 eine ausführliche Kritik der Planwirtschaft vorgeschaltet und dem ganzen Text den Titel „Zwischen Kapitalismus und Kommunismus" gegeben. Spätestens seit 1989 hat sich die Debatte über die planwirtschaftliche Systemalternative erledigt. Entsprechend dem ursprünglichen Textaufbau von 1942 lassen wir deshalb nach der Analyse der Defizite des Liberalismus unmittelbar die Darstellung der Möglichkeiten zu ihrer Überwindung fol-

---

3 siehe Seite 47 in diesem Buch.

gen. Rüstows Auseinandersetzung mit der Planwirtschaft wird im Anhang dokumentiert.

Bei Rüstow folgte der konsequenten Diagnose eine ebenso grundlegender Therapievorschlag. Das ist ungewöhnlich für die damals wie heute in ihrer Mehrheit weitgehend systemimmanent und machtkonform arbeitenden Sozialwissenschaftler. Rüstow bemerkte in „Possibilities of Reintegration: The Third Way“, dass „dieser Dritte Weg als unausgesprochenes Programm schon unserer Kritik des alten Liberalismus und seiner Schwächen und Fehler zugrunde lag“. Die Analyse des Bestehenden wird also erst dadurch möglich, dass der Sozialwissenschaftler einen Begriff davon hat, wie das Bestehende verändert werden könnte. Darin unterscheidet sich Rüstows Perspektive in den vierziger Jahren auch methodisch von den heute gängigen Ideen des „Dritten Weges“. So beinhalten zum Beispiel Anthony Giddens „Dritter Weg“ und Ulrichs Becks „Zweite Moderne“ keine normativen Entwürfe, die es ermöglichen, gegenüber den gegebenen Machtverhältnissen den notwendigen kritischen Abstand zu gewinnen. Ein solcher Abstand ist aber die Vorrausetzung für jede interessenunabhängige – also tatsächlich wissenschaftliche – Analyse. Im Unterschied zu Rüstows interdisziplinärem und normativem Denken benutzen Sozialwissenschaftler heute gerne solche anspruchsvolle Titel wie „Der dritte Weg" um lediglich Entwicklungslinien des Status Quo in die Zukunft zu verlängern.

Rüstow geht es nicht um eine sozialverträgliche Verpackung konzernfreundlicher Wirtschaftspolitik und die nachträgliche Abfederung der Folgen von Wirtschaftsmacht, sondern um die systematische Vermeidung und Bekämpfung der Wirtschaftsmacht selbst. Aber das Konzept des konsequenten Liberalismus wird oft auf Antitrustgesetzgebung reduziert, als solle die Wirtschaftsordnung beibehalten und nur durch eine starke Wettbewerbsbehörde ergänzt werden. Rüstow setzte sich schon 1929 in „Monopolkontrolle oder Monopolverhütung" mit dieser Frage auseinander. Der konsequente Liberalismus weiß um das Scheitern der Monopolkontrolle im Land mit der stärksten Antitrusttradition und fordert nicht Reparaturen, sondern einen Systemwechsel. Es geht um eine Wirtschaftsverfassung, die Machtkonzentrationen ihrer Existenzmöglichkeit beraubt, so daß – in den meisten Fällen – bestehende Wirtschaftsmacht sich auflöst und neue erst gar nicht entstehen kann.[4]

---

4 Die für Rüstow so wichtige Institution einer „straffen staatlichen Marktpolizei" ist im freiheitlichen Sinn erst innerhalb einer Wettbewerbsordnung funktionsfähig. Eine Wettbewerbsbehörde im Rahmen einer oligopolistischen Marktwirtschaft wird leicht zum Werkzeug wirtschaftlicher Interessengruppen. Die Folge: Entweder ist sie wirkungslos, eine

Das Nachwort von Sibylle Tönnies, „Die liberale Kritik des Liberalismus", beschreibt Werk und Leben Rüstows und umreißt seine Aktualität für eine Wirtschaftspolitik unter Verhältnissen der Globalisierung.

Alexander Rüstow ist einer der bedeutenden Sozialwissenschaftler des zwanzigsten Jahrhunderts in Deutschland. Kathrin Meier-Rust stellte fest: „Alexander Rüstow war der letzte Universalhistoriker in der Soziologie."[5] Der aus dem nationalsozialistischen Deutschland emigrierte Mitbegründer des sogenannten Ordoliberalismus wird – meistens ohne Kenntnis seines Werkes – immer wieder als einer der Vordenker der bundesrepublikanischen Wirtschafts- und Gesellschaftsordnung in Anspruch genommen. So wird Rüstows kritischer Geist ignoriert, den Dolf Sternberger auf den Punkt brachte: „Alexander Rüstow [...] war

---

Art wettbewerbspolitische Folkloreveranstaltung, oder sie entwickelt eine undurchschaubare Exekutivmacht, die den nationalen, europäischen oder globalen Oligopolismus gegen monopolistische „Überhitzungen" schützt und gleichzeitig neue Machtkonzentrationen staatlich legitimiert. Eine „schlagkräftige", „schlanke" und vor allem wirtschaftsunabhängige Wettbewerbsbehörde ist erst möglich, wenn dem Oligopolismus in allen Bereichen des Rechtssystems der Boden entzogen ist: Das Eingreifen der Wettbewerbsbehörde ist dann nur noch in den wenigen Fällen von Wirtschaftskonzentrationen notwendig, die trotz der machtfeindlichen Gesamtordnung des Wirtschaftsystems entstehen.

5 Kathrin Meier-Rust, Alexander Rüstow. Geschichtsdeutung und liberales Engagement, Stuttgart 1993.

gewiss, dass die menschliche Natur auf Freiheit angelegt ist. Die Herrschaft war ihm ein Sündenfall."[6] Diese ursprünglich ordoliberale Philosophie und die daraus entwickelte Politische Ökonomie wird inzwischen in verschiedenen Ländern (z. B. Österreich, Frankreich, Spanien und Bolivien) von einigen Sozialwissenschaftlern zur Lösung der Probleme der Globalisierung diskutiert. Dabei stellen sich – über die Wirtschaftswissenschaften hinaus – grundsätzliche Fragen neu. Zum Beispiel entsteht durch die Weiterentwicklung des Ordoliberalismus eine Debatte über die Aufgabe und die Konstitution des Staates.[7]

Wir haben dem zweiten Kapitel die erweiterte Fassung von „Zwischen Kapitalismus und Kommunismus" zu Grunde gelegt, die

---

6 Dolf Sternberger, Kriterien. Ein Lesebuch, Frankfurt, 1965, Seite 208 – 209.

7 z. B. Sibylle Tönnies: Die liberale Kritik des Liberalismus, in diesem Buch S. 192 – 195; Im Unterschied dazu: Walter Oswalt, Die liberale Revolution. Ideen für eine andere Moderne, in: Gerd Iben (Hrsg.), Demokratie und Ethik wohin?, Münster, Hamburg, London 1997, S. 167 – 216; Kritisch gegenüber der dort vertretenen Staatsauffassung bei der Weiterentwicklung des Ordoliberalismus: Sibylle Tönnies, Für den Kapitalismus, gegen die Kapitalisten, in: Grüne Bildungswerkstatt (Hrsg.), Ein neuer Gesellschaftsvertrag für Österreich und Europa, 1998 Wien, S. 59 – 60 und Jérôme Maucourant, Frédéric Neyrat, Un renouveau de l'ordolibéralisme, Document de travail n° 238, Centre Auguste et Léon Walras, Institut des Sciences de L'homme, Juin 2001 Lyon.

1949 als Sonderausgabe der Veröffentlichung in ORDO, Band 2 erschienen ist. In Zweifelsfällen haben wir den Text des im Nachlaß befindlichen Manuskriptes, zu Rate gezogen. Die ursprünglichen Ziffern der Anmerkungen wurden in Klammern gesetzt. Ergänzungen des Walter Eucken Archivs wurden im Text durch eckige Klammern kenntlich gemacht.

Diesem kleinen Einführungsband soll eine vom Walter Eucken Archiv herausgegebene Werkausgabe der Schriften Rüstows folgen.

Das Walter Eucken Archiv dankt Sibylle Tönnies, Heiko Dahle, Frank Bechtoldt und Hellmut Rüstow für ihre Mitarbeit und nicht zuletzt Wilhelm Hopf für sein Engagement.

Frankfurt, September 2001 — Walter Oswalt

Die Defizite des Liberalismus

Der Liberalismus war die bestimmende Lebensphilosophie der westlichen Welt des 19. Jahrhunderts. Wir verwenden den Begriff eher in einem allgemeinen und „populären" Sinn denn zur Bezeichnung der subtileren Formen liberaler Philosophie, die zwar von bedeutenden Denkern und Wissenschaftlern entwickelt wurden, aber ohne großen Einfluß geblieben sind. In den Schriften der Gründer des Wirtschaftsliberalismus wie vor allem Adam Smiths, deren umfassendes Vorstellungsvermögen und ausgewogenes Urteil immer wieder unsere Bewunderung erregen, finden sich zahlreiche weiterzuentwickelnde Ideen. Hätte man diese Ideen weiter verfolgt, hätten sie die verhängnisvolle Entwicklung verhindert, die hier beschrieben werden soll. Doch es war vermutlich kein bloßer Zufall, daß diese Ideen keine Früchte trugen und in der späteren Entwicklung ohne Einfluß geblieben sind.

Dieser allgemeine Liberalismus war der bestimmende Faktor für den Verlauf der Wirtschaftspolitik und ebenso dominant wie die Expansion und der Fortschritt des Wirtschaftssystems selbst.

Diese Verbindung mit dem allgemeinen Liberalismus war zuerst ein Segen, später allerdings ein Fluch für das Wirtschaftssystem. Die Untersuchungen Wilhelm Röpkes zeigen, daß die gegenwärtige Auflösung der Weltwirtschaft wie auch der sie tragenden Gesellschaftsstruktur zu einem erheblichen Teil auf bestimmten Mängeln des Liberalismus selbst beruhen.

Der Liberalismus ist im Kern eine allgemeinmenschliche Einstellung, die in allen Bereichen menschlichen Handelns zum Ausdruck kommt. Für die historische Entwicklung des Liberalismus im 18. und 19. Jahrhundert ist jedoch charakteristisch, daß seine grundlegenden Konzepte im wesentlichen nur auf ökonomischem Gebiet Anwendung fanden. Tatsächlich bedeutete Liberalismus für das 19. Jahrhundert vor allem ökonomische Freiheit, d. h. Freiheit des Marktes aufgrund von Konkurrenz.

Diese Stellung der Ökonomie im Verhältnis zum Gesamtsystem des Liberalismus war in erster Linie die Folge von Entwicklungen im Denken, besonders in der Wissenschaft – und dies deshalb, weil der Liberalismus seine epochemachende Entdeckung in der Wirtschaftstheorie gemacht hatte. Diese Entdeckung war der Automatismus der Marktwirtschaft, die Selbstregulierung im Wettbewerbssystem durch den Mechanismus von Angebot und Nachfrage sowie die Harmonie, die durch den nicht bewußt herbeigeführten Ausgleich zwischen dem Egoismus des einzelnen und dem größten Wohl aller erreicht und aufrechterhalten wird.

Wenn auch Adam Smith das Verdienst gebührt, dieses ökonomische Gesetz als erster aufgedeckt zu haben, gilt es zur Kenntnis zu nehmen, daß die allgemeine Vorstellung einer solchen unsichtbaren Harmonie ihren Ursprung in der entfernteren Vergangenheit hat. In der Geschichte der abendländischen Philosophie tritt die Vorstellung einer unsichtbaren Harmonie erstmals in der Kosmologie des Pythagoras und der Pythagoräer sowie in der Lehre des ionischen Philosophen Heraklit von Ephesus auf, die eigens auf die politische und gesellschaftliche Sphäre umgelegt wurde. Für Heraklit ist es der göttliche Logos, die Weltvernunft, die alles durchdringt und leitet, vom Gang des Universums bis hinunter zum menschlichen Handeln, und die alles zu der großartigen Harmonie eines großen Zyklus verschmilzt. Wie wenig sich der kleine Mensch mit seinem traditionell beschränkten Verstand dessen auch bewußt sein mag, ist er dennoch in seinem ganzen Sein und all seinem Tun ein Teil dieses Logos. Er ist Träger und Vollstrecker dieses Willens, den er selbst nicht begreift. Nur der Philosoph, der Weise und vor allem Heraklit selbst wissen - im Gegensatz zur primitiven, blinden und tauben Menge - um die unsichtbare Harmonie und ihren verborgenen Sinn. Die Anwendung dieser Idee speziell auf die Ökonomie lag der Vorstellung dieses antiken Philosophen fern. Aber als Bürger einer der führenden Handelsstädte seiner Zeit verwendet er den Fluß des Geldes im Handelsverkehr, den Tausch von Waren gegen Gold und von Gold gegen Waren als Anschauungsmaterial für den Kreislauf im Makrokosmos.

Heraklits Lehre wurde von den Stoikern übernommen. Sie machten sie zur Grundlage ihres philosophischen Systems und vor allem ihrer Anthropologie, Ethik und Politik. Da die populäre stoische Philosophie auf die gesamte römisch-hellenische Welt einen ungeheuren Einfluß hatte, wurde die Philosophie Heraklits zu einem wichtigen Bestandteil aller antiken Gelehrsamkeit einschließlich des frühen Christentums. Sie breitete sich aus, obwohl sie mit dem christlichen Dogma kaum in Übereinstimmung zu bringen war. Mit der Renaissance gelangte sie zu neuem Einfluß und spielte in der Entwicklung des westlichen Rationalismus eine entscheidende Rolle. Im Zuge dieser Entwicklung fand die Lehre von der göttlichen Harmonie den Weg zu den Physiokraten. Zweifellos ist der wirtschaftliche Kreislauf ihrer *ordre naturel*, die sie sich als Wunder der Vollkommenheit und der Weisheit vorstellten, von den Stoikern und damit letzten Endes von Heraklit abgeleitet. Gleichzeitig tritt in den Lehren der Physiokraten eine zweite, ebenfalls theologisch-metaphysische Denkrichtung auf. Es ist die des chinesischen Taoismus.[1]

Die Lehre Adam Smiths von der Selbstregulierung der Marktwirtschaft, die zum Eckpfeiler des modernen Liberalismus werden sollte, ist die Vervollkommnung der physiokratischen Idee der *ordre naturel*. Smiths „unsichtbare Hand" enthält unverkennbar ein Element des pythagoreischen Mystizismus, und die wohltätige Harmonie, die sie leitet, ist nichts anderes als der Logos Heraklits und der Stoiker sowie das Tao

1 Mit diesen entscheidenden Zusammenhängen beschäftigen sich eingehend: L. A. Maverist, Chinese Influence upon the Physiocrats, in: Economic History, Februar 1938; ders., The Chinese and the Physiocrats, in: Economic History, Februar 1940. Da zu dieser Frage außerdem eine Monographie angekündigt wurde (E. Schorer-Laforêt, L'influence de la Chine dans la genèse et le développement de la doctrine physiocrate, Pirou Etudes, Bd. VIII, Paris, Sirey), gehe ich an dieser Stelle nicht weiter darauf ein. Man sollte sich jedoch vergegenwärtigen, daß Laotse, der Begründer des Taoismus, ein älterer Zeitgenosse Heraklits war. Beide lebten wie Buddha und Mahavira im 6. Jahrhundert v. Chr., jenem ebenso großartigen wie verhängnisvollen Jahrhundert der Metaphysik. Es drängt sich die Frage auf, ob dieses verblüffende zeitliche Zusammentreffen trotz geographischer Trennung eine Art gegenseitiger Beeinflussung impliziert. Wäre dem so, hätten sich im 18. Jahrhundert geistesgeschichtliche Entwicklungen wieder gefunden, die zweieinhalbtausend Jahre zuvor getrennte Wege genommen hatten.

Laotses, nur wurde sie in die christliche anthropomorphe Sprache des Deismus transformiert. Die Gesetze der Marktwirtschaft, die Adam Smith enthüllte, waren zugleich göttliche und natürliche Rechte im Sinne der Formel Spinozas, die auch für den Deismus gilt: *deus sive natura*.[2] Es ist die Aufgabe des Menschen, die göttlichen Gesetze, welche die Wirtschaft regieren, mit Einsicht, Dankbarkeit und Ehrfurcht zu erfassen, die Hindernisse zu beseitigen, die einfältiger Traditionalismus oder unaufgeklärter Eigennutz ihnen in den Weg gelegt haben und die sie daran hindern, ihre segensreichen Wirkungen zu entfalten. So können die Gesetze, die eine wohlmeinende Vorsehung bereitgestellt hat, zum Vorteil aller den größtmöglichen Nutzen bringen.

2 Die metaphysische Würde der Wirtschaftstheorie gewann noch dadurch zusätzlich an Gewicht, daß diese Disziplin der einzige Zweig der Geisteswissenschaften ist, der deduktive Ableitungen im mathematischen Sinne zu leisten vermag. In einer Zeit, in der die Mathematik die einzige wirkliche Wissenschaft und das einzige legitime Modell für andere Wissenschaften darstellte, mußte dies von größter Bedeutung sein. Und dies um so mehr, als es sich um eine Zeit handelte, in der die Mathematik – und alles, was sich zu ihrer Höhe erheben konnte – noch von dem geheimnisvollen Nimbus umgeben war, den Pythagoras und Plato ihr verliehen hatten. Vgl. die bekannten Forschungen von Wilhelm Hasbach, Die philosophischen Grundlagen der von Francois Quesnay und Adam Smith begründeten politischen Ökonomie, Jena 1890; Untersuchungen über Adam Smith und die Entwicklung der politischen Ökonomie, Leipzig 1891.

Der Merkantilismus, den Adam Smith als herrschende Wirtschaftspolitik vorfand, hatte sich den größten denkbaren nationalen Wohlstand zum Ziel gesetzt. Da es dem Merkantilismus jedoch an Aufgeklärtheit fehlte, hatte er dieses Ergebnis mit Mitteln zu erreichen gesucht, die unzureichend waren und seinen Zwecken in die Quere kamen. Durch übertriebene Einmischung hatte er die wohltätigen Gesetze der Selbstregulierung nur gestört. Jetzt wurde der Merkantilismus mit dem Ruf *„Laissez-faire! Laissez-aller!“* konfrontiert, der zugleich ebenso eine Aufforderung war, Gott Ehre zu erweisen, wie eine Beschwörung, kurzsichtigen menschlichen Ängsten keine Eingriffe in die ewige Weisheit der natürlichen Gesetze zu gestatten.

Wenn aber der Marktmechanismus des freien Wettbewerbs etwas von göttlicher Würde und Güte wie von dem Ernst und der universalen Geltung der Naturgesetze an sich hatte, wäre es ebenso anmaßend wie fruchtlos gewesen, so zu tun, als ob Geltung und Wohltätigkeit der Marktmechanismen von gesellschaftlichen Umständen abhingen, die dem bescheidenen Bereich des Menschlichen zuzurechnen sind. Eine derartige Einstellung wäre mit diesen Ideen und Lehren vollkommen unvereinbar gewesen. Das vom mystischen Licht der rationalen ökonomischen Offenbarung geblendete Auge war blind gegenüber Problemen, die im Dunkel der Soziologie verborgen lagen.

Dies also ist der entscheidende Grund für die „gesellschaftliche Blindheit“ der liberalen Wirtschaftstheorie (und jedes unaufgeklärten Liberalismus) – für ihre Blindheit gegenüber der ungeheuren Bedeutung gesellschaftlicher Notwendigkeiten und Anforderungen außerhalb ihrer Sphäre sowie ihren eigenen gesellschaftlichen Bedingungen.

Der Liberalismus hielt jedoch nicht lange an dem deistischen Schicksalsglauben und Optimismus Adam Smiths fest, obwohl Bastiat ihn später wieder aufgriff. Er wurde durch Say mit klassischer französischer Klarheit säkularisiert, von den preußischen Kantianern zu einer Angelegenheit der Mittelklassenethik gemacht und in England zum Manchester-Utilitarismus transformiert. Die theologisch-metaphysische Note jedoch ging in der Wendung zum Pessimismus, die Malthus und Ricardo der Lehre gaben, keineswegs verloren.

Die Spuren der Theologie und der Metaphysik, die in der Lehre Adam Smiths noch gegenwärtig waren, verschwanden allmählich aus der Wirtschaftstheorie. Die natürliche Folge davon ist, daß wir uns daran gewöhnt haben, die Begründer unserer Theorie vom Standpunkt des Rationalismus aus zu betrachten und ihre theologisch-metaphysischen Eigenheiten, wie die Perücke auf den Portraits Adam Smiths, als bloße Oberflächlichkeiten zeitgenössischer Moden abzutun. Im Gegensatz zur üblichen gewohnten Einstellung ist es deshalb um so notwendiger, diesen Punkt zu beleuchten und die letzten Spuren älterer Ideen selbst dort freizulegen, wo sie ohne Zweifel zu verschwinden im Begriff waren.

Sorgloser Optimismus und Kleinmut, welche die Propagierung der liberalen Wirtschaft zum großen Teil auszeichneten, waren die nachhaltige und schicksalhafte emotionale Folge des theologischen Optimismus, der den Liberalismus und die liberale Wirtschaft anfangs inspiriert hatte. In jedem Spiel gibt es Verlierer und Gewinner, und das Spiel der Marktwirtschaft ist da keine Ausnahme. Es verlangt wie jedes andere Spiel eine gewisse Ausdauer, die Bereitschaft, etwaige Rückschläge und Verluste hinzunehmen: Man versprach allen Wohlstand und Glück, statt offen einzuräumen, daß den außerordentlichen Gewinnchancen, welche die Marktwirtschaf guten Spielern bietet, die Verlustaussichten der weniger Fähigen oder weniger Glücklichen gegenüberstehen, und daß alle, die sich an dem Spiel beteiligen wollen, das volle Risiko auf sich nehmen müssen. Was aber ist die unausweichliche Folge einer Erziehung, die alles verspricht und nichts verlangt? Dies brachte besonders in Ländern ohne eine die Menschen abhärtende calvinistische Tradition einen Spielertypus hervor, der das Spiel nur genießt, solange er gewinnt, und beleidigt davonläuft und nicht mehr weiterspielen will, sobald er zu verlieren beginnt. Diese Einstellung des schlechten Verlierers konnte man am Verhalten vieler Unternehmer beobachten, die die Regierung anbettelten, sie selbst vor kleinsten Verlusten zu bewahren.

Die wichtigste intellektuelle Form, in der der ursprüngliche theologisch-metaphysische Charakter der liberalen Volkswirtschaftslehre weiterexistierte, war jedoch der Glaube an die Autonomie, die unbedingte Gültigkeit der ökonomischen Gesetze. Wie wir später im einzelnen sehen werden, verhinderte dieser Aberglaube die Sicherstellung der notwendigen gesellschaftlichen Bedingungen des Wirtschaftslebens, so daß in den ersten Jahrzehnten des 19. Jahrhunderts eine deutliche Entartung der Marktwirtschaft einsetzte. Eine weitere Folge war, daß man die Entartungserscheinungen, die aus dem geheiligten Laissez-faire entstanden waren, der Wirtschaftstheorie zufolge für endogen, unvermeidlich und charakteristisch für die ökonomische Freiheit hielt. Diese Überzeugung, die nur im Lichte ihres theologisch-metaphysischen Ursprungs verständlich ist, war so mächtig, daß man sie als gegeben und unhinterfragbar ansah. Die liberalen Verfechter und die sozialistischen Gegner der ökonomischen Freiheit waren sich in diesem Punkt vollkommen einig. Die Liberalen waren der Auffassung, daß man die Nachteile in Kauf nehmen müsse, weil sie unvermeidlich seien, und daß man aus humanitären Gründen sehr wenig tun könne, um die schlimmsten Folgen durch soziale Reformen in Grenzen zu halten. Die Sozialisten hingegen vertraten die Auffassung, daß dieses Wirtschaftssystem, das von Natur aus nicht verbesserungsfähig sei, vollständig abgeschafft und durch ein anderes ersetzt werden müsse, das schon deshalb besser sein werde, weil es anders war. Da die Entartung der freien Wirtschaft weiterging und ihre Folgen immer unerträglicher wurden, führte der Glaube an die Unvermeidlichkeit dieser Entwicklung zu der Überzeugung, die einzige Möglichkeit sei der revolutionäre Ausweg des Sozialismus. Alle waren sich einig, daß „aut sit ut est – aut non sit" auf die kapitalistische Wirtschaft zutreffe. Der einzige Unterschied bestand darin, daß die Liberalen sich für die erste und die Sozialisten sich für die zweite Möglichkeit entschieden.

Man hatte erwartet, daß die Ausbreitung der freien Marktwirtschaft zu positiven ethischen und gesellschaftlichen Resultaten sowie zur Hebung moralischer Standards, zur Humanisierung und Integration der Gesellschaft führen werde. Aber der Wettbewerb als solcher, der tatsächlich allein an den Eigennutz als motivierende Kraft appelliert, kann weder die Moral einzelner heben noch der gesellschaftlichen Integration dienen. Aus diesem Grund ist er um so mehr auf andere ethische und gesellschaftliche Bindekräfte angewiesen.

Die irrige Vorstellung von der zentralen Bedeutung der Ökonomie, die er vom Liberalismus geerbt hatte, führte den Sozialismus unvermeidlich zu der Forderung, die notwendige soziale Integration müsse innerhalb des Wirtschaftslebens selbst stattfinden. Auf dieser Grundlage lehnte der Sozialismus den Wettbewerb vollständig ab. Es ist aber eine Tatsache, daß es außerhalb der Volkswirtschaft zahlreiche und wirksame Integrationsmittel politischer, ethischer und religiöser Art gibt. Diese müssen mit besonderem Nachdruck nutzbar gemacht werden, wenn man sich aus guten Gründen dafür entschieden hat, von der Integration innerhalb der Wirtschaftsordnung Abstand zu nehmen.

Der Liberalismus begriff nicht, daß es notwendig war, außerhalb des Marktes nach Integrationsmöglichkeiten zu suchen, die in ihm fehlten. Statt dessen proklamierte er, der Wettbewerb solle als universales Prinzip selbst auf nichtökonomischem Gebiet Anwendung finden. Infolge dieser Einstellung setzte eine fortschreitende Desintegration und Atomisierung des Gemeinwesens ein, sobald der Fundus überkommener Integration aufgebraucht war.

In der Frühzeit des Liberalismus existierte hingegen ein großer Fundus an ethischen und gesellschaftlichen Integrationskräften, die man aus früherer Zeit übernommen hatte und die imstande waren, die notwendigen Voraussetzungen für ein reibungsloses Funktionieren der freien Wirtschaftsordnung zu sichern. Die zu Recht berühmten religionssoziologischen Forschungen Max Webers beweisen nicht alles, was sie zu beweisen suchen, aber sie zeigen zumindest eine enge historische Verbindung zwischen der puritanisch-christlichen Ethik der kleinbürgerlichen Mittelschicht und des entstehenden liberalkapitalistischen Verständnisses von Wirtschaft. Diese beiden nebeneinander bestehenden Ansätze mußten sich gegen die entarteten Moralvorstellungen des Feudalismus behaupten, die auf Gewalt und Privilegien einerseits und der Trägheit der verknöcherten Zunftprivilegien andererseits beruhten. Ohne Zweifel bedeutete der siegreiche Vorstoß der neuen gegen diese beiden Tendenzen einen Fortschritt an menschlicher Moralität und Integration. Aber zu diesem Fortschritt kam es aufgrund des ethisch-religiösen Gehalts dieser Mischung und nicht wegen der ökonomischen Freiheit, der er zugeschrieben wurde.

Wenn all dies hauptsächlich die innere wirtschaftliche Entwicklung verschiedener Staaten betraf, darf man nicht übersehen, daß sich, wenn auch in einem späteren Stadium, ähnliche Entwicklungen auf dem Gebiet des internationalen Handels zutrugen. Diesbezüglich hatte bereits Bentham festgehalten, daß der freie Handel eine internationale Solidarität hervorbringe. Sein Schüler Cobden machte diese Überzeugung zur Grundlage seiner Propaganda, die beinahe einem weltlichen Kreuzzug glich. Tatsächlich wuchs die internationale Solidarität in dieser Periode des expandierenden Freihandels, obwohl sie absolut gesehen immer unbefriedigend blieb. Es ist falsch, diesen international integrierenden Effekt dem Freihandel zuzuschreiben und diesen als Erfüllung der Prophezeiungen Benthams und Cobdens anzusehen. Diese Fehleinschätzung ähnelt der im Rahmen der vorherigen Analyse des nationalen Wirtschaftslebens besprochenen.

Der wirkliche Beitrag zur internationalen Integration dieser Zeit erwuchs aus der vorherrschenden Stellung der liberalen Philosophie in allen größeren beteiligten Ländern sowie aus der letzten, viktorianisch humanisierten, *verwässerten* Phase der Pax Britannica.[3] Diese internationalen Ideologien bildeten die verborgene Grundlage für die Entwicklung des internationalen Rechts im 19. Jahrhundert – der gleichzeitige Zusammenbruch von Unter- und Überbau,

3 Krude Jünger Friedrich Lists, der selbst über keinen allzu subtilen Intellekt verfügte, haben damit die gesamte Freihandelspropaganda als einen teuflischen Trick seitens Englands charakterisiert: England habe wie ein Wolf im Schafspelz die anderen zu überreden versucht, der Expansion des englischen Handels ihre Tore zu öffnen. Inzwischen liegt auf der Hand, daß diese Leute sich bloß hinter jemandem verstecken wollten.

der sich in jüngster Zeit vor unseren Augen ereignete, hat uns Zeitgenossen diesen Zusammenhang deutlich vor Augen geführt. Diese Ideologien, nicht aber der gleichzeitig sich ausdehnende Handel, waren das integrierende Element. Sie allein erzeugten den Grad an internationaler Integration, den der Freihandel als Grundlage brauchte und ohne den er nicht möglich gewesen wäre. Da ein Netzwerk internationaler Handelsverträge die Form war, in der der Freihandel durchgeführt wurde, galt es die ethische Maxime „pacta sunt servanda" zu befolgen, die ihre unverzichtbare Voraussetzung war. Damals wurde diese Maxime noch durch die oben erwähnte Ideologie gewährleistet. Die beste Nationenordnung jener Zeit wäre völlig unmöglich gewesen, wenn man – im Gegensatz zu dem jetzt vorherrschenden Mißbrauch von Wirtschaftsverträgen als Mittel aggressiver Außenpolitik – nicht vollständig hätte sicher sein können, daß derartige Verträge als rein kommerzielle Angelegenheit, als Instrumente zur Steigerung des Außenhandels, angesehen würden.

Man hätte also die inneren und äußeren Integrationseffekte anderen zeitgenössischen Faktoren und nicht fälschlicherweise der ökonomischen Freiheit zuschreiben sollen. Trotzdem blieb dieser Irrtum solange rein theoretischer Natur, wie diese Faktoren mit ökonomischer Freiheit einhergingen. Als sie und ihre wohltätigen Wirkungen aber verschwanden, wurde der theoretische Irrtum zur praktischen Katastrophe. Denn er trug dann dazu bei, die richtige Diagnose und eine wirksame Behandlung der ernsten Defizite zu verhindern, die sich nun deutlich zeigten.

Wir wissen heute, daß das zufriedenstellende Funktionieren des Marktmechanismus sich nicht automatisch einstellt, sondern vollständig von der Erfüllung bestimmter gesellschaftlicher und institutioneller Bedingungen abhängt. Es ist die große Errungenschaft des klassischen Liberalismus, die Koinzidenz von Eigennutz und Allgemeinwohl entdeckt zu haben. Doch Eigennutz und Allgemeinwohl fallen nur in dem Teil des sozialen Bereichs zusammen, in dem diese Bedingungen erfüllt sind.

Die erste und wesentlichste dieser gesellschaftlichen Bedingungen ist die strikte Reduktion der Freiheit des Marktes auf den reinen Leistungswettbewerb sowie die vollständige und unbedingte Gewährleistung der Freiheit dieses Leistungswettbewerbs. Wir werden später [siehe „Zwischen Kapitalismus und Kommunismus“, Anm. d. Hg.] sehen, welche Anforderungen diese Bedingung an die Struktur und Einstellung des Staates stellt. Eine Folge besteht darin, daß jede Form des Halsabschneiderwettbewerbs sowie jeder Versuch, sich außerhalb des Marktes oder mit anderen Mitteln als durch entsprechende Leistung einen Wettbewerbsvorteil zu verschaffen, als dem Allgemeinwohl

Schweigen zu bringen. Wirksame Resultate wird man durch die Abschaffung der Monopole erreichen, nicht durch bloße Kontrolle.

Auf derselben Linie lag der Trend zur Überkonzentration von Fabriken und zum Zusammenschluß von Firmen zu Mammutunternehmen, der überwiegend mit monopolistischen Tendenzen verbunden war. Auch dies geschah unter dem Schutz des Irrglaubens an die Unvermeidlichkeit der Entwicklung und unter enthusiastischem Beifall der größenwahnsinnigen Öffentlichkeit. Der Vorgang war nur zum geringeren Teil durch technische und wirtschaftliche Anforderungen gerechtfertigt, während die solchen Überlegungen entsprechende Maximalgröße meist überschritten wurde.

Allen diesen verhängnisvollen Tendenzen gegenüber fehlten dem Staat – abgesehen von der notwendigen Einsicht – die Stärke und Unabhängigkeit, die zur Erfüllung seiner unbedingten Pflicht, den Markt in Ordnung zu halten, notwendig sind. Für den Liberalismus war jedoch ein möglichst schwacher Staat der ideale Staat. Je schwächer der Staat war und je mehr er sich auf die Wahrung von Sicherheit und Ordnung beschränkte, desto weniger würde er – so dachte man – in Versuchung kommen, in das freie Wirtschaftssystem einzugreifen. Das selbstgesetzte Ideal des Liberalismus war ein schwacher, zugleich jedoch neutraler und unabhängiger Staat. Es fiel niemandem auf, daß diese beiden Anforderungen einander widersprachen. Niemand begriff die auf der Hand liegende soziologische Wahrheit, daß Stärke und Unabhängigkeit des Staates voneinander abhängige Variablen sind und allein ein starker Staat mächtig genug ist, seine Unabhängigkeit zu wahren.

Die fehlende Einsicht in diese soziologische Wahrheit wirkte sich bald verhängnisvoll aus. Lange bevor der Staat sich in seiner Macht auf die bloße Aufrechterhaltung der öffentlichen Sicherheit beschränken ließ, hatte er den kritischen Punkt überschritten, an dem seine Macht und Autorität zur Wahrung seiner Unabhängigkeit nicht mehr ausreichten. So erlag er allmählich den Angriffen von Interessengruppen, deren Gier nach Subventionen keine Grenzen kannte. Diese Interessengruppen waren, soweit sie nicht der Landwirtschaft angehörten, leicht als Monopolisten oder Möchtegernmonopolisten zu erkennen, die staatliche Hilfe brauchten, um ihre Zwecke durchzusetzen. Wenig später schlossen sich ihnen die gewerkschaftlich organisierten Arbeiter an.

Die demokratische parlamentarische Struktur der wirtschaftlich führenden Staaten führte dazu, daß die ökonomische Korruption sich auf die staatliche Innenpolitik, die politischen Parteien und den Parlamentarismus selbst ausbreitete. Die politischen Parteien wurden nach und nach zu parlamentarischen Agenturen wirtschaftlicher Interessengruppen und von diesen finanziert. Anfangs konnte keine einzige dieser Parteien und keine einzige der sie unterstützenden Gruppierungen aus eigener Kraft eine parlamentarische Mehrheit erreichen. (Dies trifft besonders auf die dem französischen System nachgebildeten Vielparteiensysteme zu. Dieselben Entwicklungen lassen sich im angelsächsischen Zweiparteiensystem beobachten, aber eher unter der Oberfläche im Parteiinneren, wodurch sie etwas schwächer in Erscheinung traten.) Für die Mehrheitsbildung war daher eine Mehrparteienkoalition erforderlich, und diese Koalition entstand in der Kompromißform des sogenannten *log-rolling and spoils system*. Selbst die Oppositionsparteien fanden einen Weg, durch Erpressung an den Profiten beteiligt zu werden. Die unvermeidliche Folge war eine Krise des Parlamentarismus, ja eine Krise des Staates selbst. Auch Italien, Deutschland und Frankreich fielen derartigen Krisen zum Opfer.

Die pathologische Regierungsform, die sich auf diese Weise herausbildete, war die des Pluralismus. Seine Geschichte ist noch nicht geschrieben, obwohl sehr zu wünschen wäre, daß uns eine solche vorliegt, weil wir so aus dieser unglückseligen Erfahrung wenigstens etwas lernen könnten. Die Anfänge des Pluralismus lassen sich zeitlich genau bestimmen: die Zeit von Bismarcks entscheidender innenpolitischer Wende von 1878–79 und seine Flucht in eine

Schutzzollpolitik, die Deutschland auf diesem verhängnisvollen Weg zum Anführer machte. Wir haben es hier mit dem seltenen Fall zu tun, daß ein verantwortlicher Staatsmann eine Entwicklung mit bewußt üblen Absichten in Gang setzt. Die traditionellen Parteien, die auf Gefühl und Überzeugung gegründet waren, hatten es aus Gefühl und Überzeugung abgelehnt, Bismarcks brutaler Realpolitik zu folgen. Bismarck entschied sich daher voller Zynismus dafür, die Parteien umzuformen und in getrennte Gruppen aufzuspalten, und meinte, sie durch die Fütterung aus dem Staatstrog unter Kontrolle halten zu können. Seine Nachfolger mußten die Erfahrung machen, daß der Staat, der damit anfängt, die Raubtiere der organisierten Unternehmerinteressen zu füttern, letzten Endes von ihnen verschlungen wird.

Diese verhängnisvolle Politik blieb nicht auf Deutschland beschränkt. Selbst so gesunde und in mehrfacher Hinsicht musterhafte kleine Demokratien wie die Schweiz[5] und Schweden konnten ihr nicht widerstehen. Einer der schwersten Vorwürfe gegen den New Deal in den Vereinigten Staaten besteht darin, daß er diese Fütterung aus dem Staatstrog allgemein und in alarmierendem Ausmaß praktizierte, was allerdings bereits mit der Zollpolitik, der Silberpolitik etc. angefangen hatte.

5 Vgl. William E. Rappard, L'individu et l'Etat dans l'évolution constitutionelle de la Suisse, Zürich 1938.

Dieser Verfall der Demokratie, den ihre Befürworter und Gegner gleichermaßen als natürliche und unvermeidliche Entwicklung ansahen, verursachte das Auftreten von grundsätzlich antidemokratischen Richtungen und Parteien. Ihre parlamentarische Taktik bestand darin, die Regeln des liberalen Parlamentarismus zu mißbrauchen, um die Demokratie und ihre Organe zu schwächen. Eine solche Einstellung hätte man als staatsfeindlich ansehen und folgerichtig das Verbot und den Ausschluß ihrer Protagonisten bewerkstelligen müssen. Aber statt dessen hat man sogar hier milde und unangemessen das Prinzip der Toleranz walten lassen. Zur Rechtfertigung dieser Einstellung beschwor man den irrigen Glauben an die universelle Anwendbarkeit der liberalen Grundsätze. Dieser Glaube hat immer den Blick darauf verstellt, wie gesellschaftliche Bedingungen die Geltung dieser Grundsätze beschränken. So erlaubte man den antidemokratischen Parteien, wie Pilze in die Höhe zu schießen. Sie machten sich die Entartung der Marktwirtschaft und ihrer ungerechten Folgen demagogisch zunutze und beteiligten sich auf höchst skrupellose Weise an dem korrupten Spiel des Parlamentarismus. Die Folge war, daß in Deutschland und Italien die parlamentarischen Parteien, die den Eintritt der Antiparlamentarier in die Regierung ursprünglich ermöglicht hatten, bald von ihren skrupellosen Kollegen verdrängt wurden. So endete das Spiel des Pluralismus in einer totalitären Einparteiendiktatur.

Denselben verhängnisvollen Fehler, geborene Falschspieler so mitmachen zu lassen wie alle anderen auch, beging man nicht nur in der staatlichen Innenpolitik, sondern auch in der Außenpolitik. Die Erklärung hierfür findet sich in derselben Blindheit des Liberalismus für die begrenzte Anwendbarkeit liberaler Prinzipien - einer Blindheit, die aus dem subtheologischen Pseudouniversalismus hervorgegangen ist und deren katastrophalen Folgen wir wiederholt begegnet sind.

Selbst dieser kurze skizzenhafte Überblick zeigt, in welchem Ausmaß die gegenwärtige Weltkatastrophe in allen betroffenen Bereichen – Ökonomie, Außen- und Innenpolitik – durch dieselben fatalen Schwächen und Fehler verursacht worden ist. Der schwerste Fehler des Liberalismus liegt in seinem Pseudouniversalismus, seiner Blindheit für die Rahmenbedingungen und gesellschaftlichen Voraussetzungen, die seine Geltung begrenzen. Diese sonst kaum vorstellbare Blindheit beruht, wie wir gesehen haben, auf dem theologisch-metaphysischen Ursprung der liberalen Lebens- und Wirtschaftsphilosophie. Dieser theologisch-metaphysische Ursprung verlieh dem Liberalismus und der liberalen Wirtschaftstheorie zu einer Zeit, als die Welt noch von der Theologie beherrscht wurde, ungeheure missionarische Kraft und gewaltigen Schwung. Seine Apostel fühlten sich von der Überzeugung getragen: *Dieu le veult!* Doch er schloß einen verhängnisvollen Fehler in sich und hat schließlich zum Zusammenbruch des Liberalismus und zur gegenwärtigen Weltkatastrophe beigetragen.

Der dritte Weg

Nichts von alledem jedoch, was wir hier [S. 103 – 156] gegen das sozialistische Ideal der Planwirtschaft vorgebracht haben, ist etwa im geringsten als Argument für Beibehaltung oder Fortführung der bisherigen völlig entarteten und unhaltbaren „spätkapitalistischen“ Wirtschaft gemeint. Ganz im Gegenteil. Wenn wir tatsächlich nur zwischen ihr und der Planwirtschaft die Wahl hätten, würden wir die Entscheidung für letztere psychologisch mindestens für verständlich, wo nicht für unvermeidlich halten, da man für gegenwärtige Übel stets empfindlicher ist als für nur befürchtete, da ein Zustand so unerträglich werden kann, daß man schließlich jede Änderung schon als solche begrüßt.

Unter dieser Voraussetzung wäre auch jeder Widerstand gegen Kollektivismus, Sozialismus und Kommunismus auf die Dauer völlig aussichtslos. Denn da der „Spätkapitalismus“ gar kein eigenes Programm hatte und hat, sondern sich unabsichtlich als ungewollte Resultante verschiedenartigster Komponenten ergeben hatte, und es überhaupt niemanden gibt, der das gute Gewissen hätte, ihn grundsätzlich zu verteidigen, so hat der Kollektivismus im Kampf der Weltanschauungen heute geradezu ein Monopol: er ist die einzige moderne Richtung, die überhaupt ein wirkliches Programm besitzt. Das Christentum, selbst das so gut organisierte katholische, hat einen so schweren Stand demgegenüber, was die Probleme der Wirtschaftsordnung betrifft, daß sogar gerade seine jüngsten, ehrlichsten und lebendigsten Vertreter in höchst bedenklichem Maße von einer immer stärkeren kollektivistischen Knochenerweichung ergriffen zu sein scheinen[1]. Und was sich sonst dem Kommunismus entgegenstellt, das zerfällt in zwei gleich wenig kampfkräftige Gruppen: Einerseits Sozialisten, die den Kommunisten nur ihren Radikalismus, ihre Hundertprozentigkeit vorzuwerfen haben, die demgegenüber Bedenken, Einwürfe, Abschwächungen vertreten, und einem verdünnten 75-, 50-, 25-prozentigen Kollektivismus anhängen. Sie befinden sich in einer nicht sehr beneidenswerten strategischen Lage, und der Kampf Rosa gegen Feuerrot erscheint

1 (26a) Das, obwohl in den großen päpstlichen Enzykliken Rerum novarum und Quadragesimo anno Grundsätze proklamiert werden, mit denen man sich weiterhin nur einverstanden erklären kann.

auf die Dauer wenig aussichtsvoll. Die andere, konservative Gruppe vertritt faute de mieux und traditionellerweise verschiedene historische Ideologien, die sämtlich ihre Zukunft schon hinter sich haben und von der eigenen Jugend auch nicht mehr ernst genommen werden. Und soweit es sich nicht einfach um egoistische Besitzinteressen und deren Bemäntelung handelt, ist bisher nichts vorhanden als ein instinktives Widerstreben gegen den Kollektivismus, das ebenso verzweifelt wie bisher erfolglos nach einem eigenständigen Gegenprogramm sucht, wie es Quentin Hogg, der Wortführer der Jugend auf dem Parteitag der englischen Konservativen, Oktober 1946 formulierte, „eine Gegenposition zum Sozialismus, die sich nicht auf das liberale laissez faire beschränkt". Davon, daß eine solche Position gefunden wird, und sich durchsetzt, hängt in der Tat jede Aussicht eines Kampfes gegen den Kollektivismus ab, denn „it is impossible to fight something with nothing"[2]. Aber über die Bedingung sollten sich alle die klar sein, die ehrlich und uneigennützig nach einer solchen Gegenposition suchen: Ein Schutzwall der traditionellen Besitzinteressen wird es unter keinen Umständen sein, und es wird sich sehr bald zeigen müssen, wem es wirklich um weltanschauliche Grundsätze geht, oder wem an Grundsät-

2 (27) The Economist, 1946, „The German Crisis" I.

zen nur so lange gelegen ist, als er seine vested interests hinter ihnen in Sicherheit glauben kann. Ohne rückhaltlose Ehrlichkeit und Opferbereitschaft ist jeder Kampf gegen den Kollektivismus aussichtslos, „la liberté se nourrit de sacrifices“[3].

Um so froher sollten wir sein, daß wir nicht vor dieser bangen Wahl zwischen „Kapitalismus“, und Kollektivismus stehen, sondern daß es einen „dritten Weg“ gibt,[4] der die Nachteile sowohl des „Kapitalismus“, als auch des Sozialismus vermeidet. Dieser dritte Weg, der mit vollem Bewußtsein eigentlich erst seit anderthalb Jahrzehnten vertreten wird, befindet sich freilich noch im Stadium des Entwurfes, nicht wenige seiner Probleme sind noch ungelöst, die meisten seiner Einzelheiten noch ausarbeitungsbedürftig. Desto wichtiger ist es, daß sich möglichst viele junge Kräfte an dieser entscheidend wichtigen Arbeit beteiligen, die weder ein Einzelner noch eine kleine Gruppe von wenigen leisten kann.

Im Rahmen dieses Aufsatzes kann ich wirtschaftswissenschaftliche Spezialprobleme nicht vertiefen, muß dafür vielmehr auf die erschienenen und im Erscheinen begriffenen Arbeiten meiner nationalökonomischen Freunde verwei-

---

3 (28) Benjamin Constant: „De la Religion“, vol. V. (1831), p. 180.

4 (29) Franz Oppenheimer: Der dritte Weg – weder Kapitalismus noch Kommunismus. Carl Jentsch: Weder Kommunismus noch Kapitalismus, Leipzig 1893. [3. Aufl., Stuttgart 1964].

sen. Hier handelt es sich mir vor allem darum, eine allgemeine und grundsätzliche kulturhistorische Berichtigung der Zielstrukturen auch für das Gebiet der Wirtschaft durchzuführen und, sei's auch nur in Umrissen, zu zeigen, wie etwa eine diesen berichtigten Wertungen entsprechende Wirtschaft aussehen würde.[5]

Die freie Marktwirtschaft, deren Automatismus von Quesnay entdeckt und deren Gesetze 1776 in Adam Smiths berühmtem Werk zum er-

---

5 (30) Das folgende Programm, in Genf 1939 für eine Rockefeller-Konferenz skizziert, die infolge des Kriegsausbruches nicht zustande kam, wurde zuerst auszugsweise veröffentlicht in einem Appendix zu dem Buche meines Freundes Wilhelm Röpke: „International Economic Disintegration", London 1942: General Sociological Causes of the Economic Disintegration and Possibilities of Reconstruction, letztere S. 278–283, [3. Auflage 1950; Nachdruck der Ausgabe, London 1942, Philadelphia 1978], dann etwas ausführlicher in meinem Buche: „Das Versagen des Wirtschaftsliberalismus als religionsgeschichtliches Problem", Istanbul 1945, S. 90 bis 100 [3. Auflage, Frank P. Maier-Rigaud/Gerhard Maier-Rigaud (Hrsg.): Alexander Rüstow: Das Versagen des Wirtschaftsliberalismus – Das neoliberale Projekt, Marburg 2001]. Mit Nachdruck sei hier hingewiesen auf die Londoner Distributist League und deren ausgezeichnete Programmschrift: An Essay on the Restauration of Property by Hilaire Belloc, London 1936. Ferner auf die „Erklärung zum wirtschaftlich-sozialen Problem", welche die Theologische Arbeitsgemeinschaft in Zürich unter Leitung von Professor Emil Brunner am 11. Februar 1948 beschloß. Sowie auf Emil Brunner: Kommunismus, Kapitalismus und Christentum (Kirchliche Zeitfragen Heft 23) Zürich 1948, Zwingli-Verlag.

sten Mal klargelegt worden waren, wurde im Laufe des 19. Jahrhunderts in allen führenden Industrieländern im wesentlichen praktisch verwirklicht, und drückte vom Abschluß des Cobden-Vertrages 1860 bis zur Rückwendung Bismarcks zum Schutzzoll 1878/79 der abendländischen Wirtschaft national und international ihren Stempel auf. Der ungeheure Wirtschaftsaufschwung, den sich Adam Smith und seine Anhänger von dieser Durchführung ihrer Grundsätze versprochen hatten, trat, was man heute gern vergißt, tatsächlich in einem Ausmaß ein, das die kühnsten Erwartungen noch übertraf; in der gesamten Wirtschaftsgeschichte gibt es nichts, das sich dem beispiellosen Aufschwung des 19. Jahrhunderts auch nur von fern an die Seite stellen ließe. Auch die Arbeiterschaft, die zunächst unter den heftigen Kinderkrankheiten dieser Entwicklung schwer zu leiden gehabt hatte, nahm in immer steigendem Maße und mit entsprechend wachsendem Selbstbewußtsein an ihren Vorteilen teil.

Der rein wirtschaftliche und produktionstechnische Aufschwung setzte sich auch nach 1879 noch weiter fort; aber, durch Bismarcks böses Beispiel ausgelöst, griff mehr und mehr eine protektionistisch-subventionistisch-monopolistische Degeneration und Entartung der Marktwirtschaft um sich, der der herrschende Manchester-Liberalismus keinen wirksamen Widerstand entgegenzusetzen wußte. Der Anteil dieser wirtschaftlichen Krankheitserscheinungen und wirtschaftlicher Interessen überhaupt an dem Ausbruch des I. Weltkrieges ist zwar weit geringer, als es von einer vulgärmaterialistischen Geschichtsauffassung häufig behauptet wird, sogenannter „Handelsneid", obwohl natürlich auch vorhanden, hat dabei keine irgendwie maßgebende Rolle gespielt. Wohl aber machte die Schwächung durch den Krieg alle beteiligten Wirtschafts- und Staatskörper noch weit anfälliger für jene Krankheitserreger, so daß jetzt Protektionismus, Subventionismus und Monopolismus schwerste und allerschwerste Formen annahmen und eine völlige Zerrüttung mancher Wirtschaftskörper, insbesondere des deutschen, herbeiführten, eine Zerrüttung, ohne welche die Machtergreifung des Nationalsozialismus 1933 nicht möglich gewesen wäre.

Natürlich wäre es naiv, aus dem vorstehenden etwa schließen zu wollen, daß eine Rückkehr zu den wirtschaftspolitischen Grundsätzen der 60er und 70er Jahre des 19. Jahrhunderts das Heil bringen müßte, selbst wenn sie möglich wäre. Der durch die spätere krasse Entwicklung geschärfte Blick erkennt vielmehr auch schon hier und von Anfang an jene grundlegenden Schwächen und Blindheiten des historischen Wirtschaftsliberalismus, aus denen auch die späteren schweren Degenerationen hervorgegangen sind. Notwendig ist vielmehr eine Erneuerung des Liberalismus von Grund auf, eine

Erneuerung, die insbesondere auch allen berechtigten Einwänden und Forderungen des Sozialismus voll Rechung trägt. Man könnte unter diesem Gesichtspunkt das, was uns vorschwebt, auch Sozialliberalismus nennen.

Während der herrschende Vulgärliberalismus des 19. Jahrhunderts – aus bestimmten, nur religionsgeschichtlich zu verstehenden, quasireligiösen Befangenheiten, wie ich an anderer Stelle ausführlich nachgewiesen habe –, die Wirtschaftsfreiheit für etwas Absolutes hielt, wissen wir heute, daß die die Marktwirtschaft der vollständigen Konkurrenz auszeichnende selbsttätige Gleichschaltung von Eigennutz und Gemeinnutz nur unter ganz bestimmten Bedingungen und innerhalb eines scharf abgegrenzten Bereiches des Wirtschaftsfeldes Platz greift. Infolgedessen würde sich als nächstes die dringende Aufgabe ergeben, die Funktionsbedingungen der Konkurrenzwirtschaft, die allein ihren Erfolg verbürgen, mit aller Klarheit und allem Nachdruck in der Theorie wie in der Praxis sicherzustellen. Ich habe an anderer Stelle schon 1932 ausgeführt,[6] daß nur ein starker und unabhängiger Staat die wirklich freie Wirtschaft

6 (31) Schriften des Vereins für Sozialpolitik, Band 187 (München 1933 [Nachdruck: Vaduz 1994]), S. 62 bis 69, unter dem Titel: „Interessenpolitik oder Staatspolitik?" in „Der Deutsche Volkswirt", 1932, Bd. 7, Nr. 6, S. 169 bis 172. In weitgehendester Übereinstimmung der gleichzeitig erschienene und völlig unabhängig entstandene Auf-

sichern kann, und daß anstelle des manchesterlichen laissez faire ein „liberaler Interventionismus“ zu treten hätte, d. h. ein Interventionismus, der nicht als Hemmungsintervention quer zu den Marktgesetzen, sondern als konforme Anpassungsintervention in der Wirkungsrichtung der Marktgesetze, zur Sicherung ihres möglichst reibungslosen Ablaufs, eingreift.[7]

Da die totale 100-prozentige Staats- und Planwirtschaft nach sowjetrussischem Muster nachgerade aufgehört hat, verlockend zu wirken, und da andererseits eine Rückkehr zu der offensichtlich unzulänglichen und mißbräuch-

---

satz von Walter Eucken: „Staatliche Strukturwandlungen und die Krise des Kapitalismus“, Weltwirtschaftliches Archiv 1932, Band 36, Heft 2.

7 (32) In besonders scharfsinniger und überzeugender Weise ist dieser Grundsatz auf die Probleme der Wettbewerbsordnung angewandt worden durch Leonhard Miksch: „Wettbewerb als Aufgabe, Die Grundsätze einer Wettbewerbsordnung“, Godesberg 1947, S. 222: „Soll die gesamte Wirtschaftsverfassung einen einheitlichen Charakter erhalten, so gibt es keine andere Möglichkeit als die, alle diese Märkte so zu organisieren, daß im Endergebnis ein Zustand herauskommt, als ob vollständige Konkurrenz bestünde.“ S. 190: „Der Staat muß versuchen, die Auftragsvergebung überall so zu gestalten, daß stets dasjenige Angebot den Zuschlag erhält, das sich auch bei vollständiger Konkurrenz auf dem Markt behaupten würde.“ S. 62: „der für das ganze Wettbewerbsrecht geltende Satz …, daß der Verlauf bei freier Konkurrenz möglichst nachgeahmt und die Abweichung von der freien Konkurrenz zu einem Minimum gemacht werden soll.“ Ebenso auch S. 61 u. 198.

lichen Wirtschaftsfreiheit der Vorkriegs- und der ersten Nachkriegszeit weder möglich noch wünschenswert erscheint, so sind heute in fast allen nichtbolschewistischen Staaten mehr oder weniger bewußte Versuche im Gange, eine brauchbare Mischung aus staatlicher und privater Wirtschaft und eine neue Abgrenzung zwischen beiden zu finden. Man hat nicht den Eindruck, als ob irgendeiner dieser Versuche bisher zu einem befriedigenden oder auch nur haltbaren Ergebnis geführt hätte. Alle waren starken Schwankungen und Unstetigkeiten unterworfen. Überall sah sich der Staat wieder und wieder gezwungen, über die Grenze hinauszugehen, die er sich selbst gesetzt hatte. Wie der größte und weitaus wichtigste dieser Versuche, der von der englischen Labour-Party in Gang gesetzte, ausgehen wird, bleibt abzuwarten.

Der Staat macht bestimmte Eingriffe in der Absicht, sich auf sie zu beschränken. Aber diese Eingriffe führen zu unvorhergesehenen Folgen, die ihrerseits neue, ursprünglich nicht beabsichtigte Eingriffe nötig machen. Mit diesen neuen Eingriffen geht es wieder ebenso, usf., usf. Und wenn die Grenze der Staatseingriffe nicht auf eine einsichtige und haltbare Weise von vornherein mindestens im Prinzip festgelegt, wenn die privaten Wirtschafter irgendeines bisher noch freigelassenen Wirtschaftssektors mit der Möglichkeit rechnen müssen, daß der Staat über kurz oder lang auch in ihre Sphäre in nicht vorausberechenbarer Weise eingreift, so hört jede Möglichkeit langfristiger Kalkulation und solider Geschäftsführung auf. Es findet geradezu eine Regression auf jene vorkapitalistische Epoche statt, wo, mangels sicherer Vorausberechenbarkeit, „Krieg, Handel und Piraterie" noch nicht zu trennen waren. Jeder versucht, aus dieser bedrohten Sphäre heraus noch rechtzeitig und so schnell wie möglich sein Schäfchen ins Trockene zu bringen, eben dadurch entwickeln sich ungesunde und korrupte Verhältnisse, die nun ihrerseits wiederum als Beweis für die Unmöglichkeit der freien Wirtschaft und für die Notwendigkeit des Staatseingriffs in Anspruch genommen werden. Auf die eine oder die andere Weise greift jedenfalls dieser Prozeß immer weiter, und findet sein Ende erst bei der 100-prozentigen Vollverstaatlichung der gesamten Wirtschaft – jenem wenig verlockenden bolschewistischen Zustand, den man gerade hatte vermeiden wollen.

Es ist mir nicht bekannt, daß es zunächst auch nur der wirtschaftswissenschaftlichen Theorie, soweit sie derartigen etatistischen Idealen huldigt, gelungen wäre, eine grundsätzlich klare, nachweislich stabile und auf die Dauer haltbare Abgrenzung zwischen Staatswirtschaft und Privatwirtschaft zu finden. Denn das „Prinzip", daß der Staat zwar die private Initiative und Verantwortlichkeit in der Wirtschaft bestehen lassen möchte, es sich aber vorbehält, jederzeit überall da einzugreifen, wo er es aus welchen Gründen auch immer für notwendig hält, – dieses von jeder Selbstbeschränkung freie principium leoninum ist es eben gerade, das eine natürliche und innerlich notwendige Grenze erst bei 100% findet. (Übrigens handelt es sich hier letzten Endes um einen Rückfall in jene Überlagerungsstruktur, in welcher sich die damaligen Träger der Staatsgewalt in der Ausübung ihrer Herrschaftsrechte noch keine rationale Selbstbeschränkung auferlegten, und deren Überwindung erst die Entstehung einer rationalen Wirtschaft möglich machte.)

Notwendig ist die Sicherung eines einsichtigen und haltbaren Gleichgewichts zwischen Staat und Privatwirtschaft, ein „abrutschfestes“ Wirtschaftssystem, das nicht mit innerer Notwendigkeit zuletzt bei einer totalen Staatswirtschaft bolschewistischer Prägung enden muß.

Die wichtigsten Grundlinien eines solchen Systems sind in Kürze die folgenden:

Straffe staatliche Marktpolizei auf allen der Marktfreiheit und dem Walten der Marktgesetze überlassenen Wirtschaftsgebieten, zur strengen Sicherung eines fairen Leistungswettbewerbs und zum strengen Ausschluß jedes unfairen gegen Marktgenossen gerichteten Behinderungswettbewerbs.[8]

---

8 (33) Hierfür grundlegend Franz Böhm: „Wettbewerb und Monopolkampf“, Berlin 1933, und: „Die Ordnung der Wirtschaft als geschichtliche Aufgabe und rechts-

Sozialisierung aller Wirtschaftszweige, die, wie insbesondere der Schienenverkehr und die public utilities, aus natürlichen, technischen oder sonstigen Gründen eine unvermeidliche Monopolstruktur haben (Sozialisierung der Rüstungsindustrien dürfte sich auch noch aus anderen als wirtschaftlichen Gründen empfehlen). Solange doch noch ausnahmsweise private Monopole, insbesondere Trusts, bestehen: scharfe Staatsaufsicht mit Preisgenehmigung und Lieferungszwang.[9]

Auf den zwischen diesen beiden Hauptfällen der vollständigen Konkurrenz und der Sozialisierung liegenden Wirtschaftsgebieten oligo-

---

schöpferische Leistung", Stuttgart 1937, als Band 1 der von Franz Böhm und Walter Eucken herausgegebenen Schriftenreihe: „Ordnung der Wirtschaft"; ferner: „Das Reichsgericht und die Kartelle", in Band I des Jahrbuchs ORDO [Jahrbuch für die Ordnung von Wirtschaft und Gesellschaft, 1948], S. 197 bis 213. Übrigens war bereits im alten deutschen Recht der „Neidbau", der nur Anderen schaden sollte, verboten; „Neydpau, die ainen schaden prächten", müssen wieder abgerissen werden. „Zur Geschichte der Begriffspolarität zwischen Leistungskonkurrenz und Behinderungskonkurrenz", die mit dem alten griechischen Dichter Hesiod bis ins 7. Jahrhundert v. Chr. zurückreicht, vgl. den so betitelten Anhang meines Buches: „Das Versagen des Wirtschaftsliberalismus als religionsgeschichtliches Problem", 1945, S. 135 bis 138. [vgl. Anmerkung 5]

9 (34) Für bedenklich halte ich es, mit Bernhard Pfister: „Leistungswettbewerb und Monopolkontrolle" (Hochland August 1948, Seite 558 bis 573), Konkurrenz und Monopol als gleichberechtigte Prinzipien und Sektoren der Wirtschaft paritätisch nebeneinander zu stellen und darauf zu vertrauen, daß das private Monopol durch

polistischer Struktur: staatliche Einengung der Grenzen der Wirtschaftsfreiheit so lange, bis der verbleibende Rest nur noch im Sinne des Leistungswettbewerbs ausgenutzt werden kann.[10] Unter allen Umständen darf sich marktpolizeiliche und marktstrategische Macht nur in öffentlicher Hand befinden.

Die entschiedene und folgerichtige Durchführung einer solchen, die Marktfreiheit sichern-

---

staatliche Kontrolle restlos entgiftet werden könne. Gelänge es wirklich, auf diese Weise jede Monopolrente zum Verschwinden zu bringen, so würde damit jeder Anreiz zur Bildung privater Monopole entfallen, und niemand würde mehr so töricht sein, deren Unkosten und Unbequemlichkeiten auf sich zu nehmen. Aber durch mehrjährige Tätigkeit einerseits im Reichswirtschaftsministerium, andererseits in der Industrie habe ich die außerordentlich geringe Wirksamkeit und die großen Gefahren staatlicher Monopolkontrolle aus nächster Nähe kennengelernt. Ich verweise auf meine diesbezüglichen Ausführungen: Das Versagen des Wirtschaftsliberalismus, Istanbul 1945, Seite 69, und auf meinen Aufsatz: Monopolkontrolle oder Monopolverhütung? Magazin der Wirtschaft, Berlin 1928, Band 4, Nr. 24, Seite 913 bis 915. Die von Pfister entwickelten gemeinwirtschaftlichen Grundsätze lassen sich bestenfalls bei staatlichen Monopolen, niemals aber durch staatliche Beaufsichtigung privater Monopole, verwirklichen.

10 (35) Leonhard Miksch: „Wettbewerb als Aufgabe", Godesberg 1949, auf Seite 222: „während in anderen Formen der unvollständigen Konkurrenz versucht werden muß, die Bedingungen des Wettbewerbskampfes so eng zu fassen, daß den beteiligten Unternehmungen kein anderes Verhalten als das der echten Leistungskonkurrenz übrig bleibt."

den Politik, unterstützt durch noch aufzuführende sonstige Maßregeln, würde auch im wesentlichen schon dazu hinreichen, eine Überschreitung des wirtschaftlichen Optimums der Betriebs- und Unternehmensgröße unrentabel zu machen und dadurch zu verhindern. Jedoch könnte diese Tendenz noch verschärft werden durch progressive Besteuerung überoptimaler Unternehmensgrößen, statt ihrer bisherigen öffentlichen Bevorzugung. Das Optimum liegt, wie gezeigt, im allgemeinen ganz wesentlich tiefer, als man heute anzunehmen geneigt ist, wo in allen Industrieländern die Aussicht auf Erringung einer Monopolstellung, die eine solche Entwicklung begünstigende staatliche Wirtschaftspolitik und die Megalomanie der öffentlichen Meinung die überoptimalen Akkumulation in ungesunder Weise fördern. Eine wirtschaftliche Überlegenheit des Mammutbetriebes aus zwingenden technisch-organisatorischen Gründen liegt nur in einigen ganz wenigen Produktionszweigen vor, es ist keineswegs die Regel, sondern die vereinzelte Ausnahme, für deren Behandlung das oben über oligopolistische und monopolistische Betriebszweige Gesagte gilt.

Als sonstige Maßregeln kommen insbesondere in Frage:

Grundsätzliche Umstellung der gesamten Agrarpolitik auf Förderung eines gesunden, marktfesten, hochproduktiven Kleinbauerntums, einschließlich des kleinbäuerlichen Obst-,

Gemüse- und Gartenbaues. Durchgreifende Aufsiedlung aller noch vorhandenen Großgüter, die sich nicht aus eigener Kraft halten können, nach den Grundsätzen einer gesunden, auf Selbsthilfe abgestellten Primitivsiedlung. Ein großes, planmäßig ausgebautes Netz von Forschungs-, Züchtungs-, Muster-, Lehr- und Beratungsinstituten für Bauernwirtschaft und alle ihre verschiedenen Zweige. Planmäßig umfassende und engmaschige Organisation lebensnaher bäuerlicher Berufspädagogik mit Bauernschulen, Musterwirtschaften, Wanderlehrern usw. Intensiver Ausbau des landwirtschaftlichen Genossenschaftswesens. Das gewaltsam übervölkerte Deutschland wird sich einen extensiven Getreidebau nicht mehr leisten können, sondern sich bei freier Einfuhr von Futter- und Brotgetreide auf intensivste Veredelungs- und Hochwertproduktion umstellen müssen, nach dem Vorbild Dänemarks und Hollands.

Staatliche Forschungs- und Beratungsinstitute für rationellen Kleinbetrieb in Handwerk und Handel und für Werkstattaussiedelung.

Abschaffung der GmbH, die dem Marktprinzip der wirtschaftlichen Vollverantwortlichkeit widerspricht.[11] Radikale Reorganisation der AG, die sich, vor allem durch Zuschiebung der negativen Chancen an das Publikum, der

11 (36) Hans Großmann-Doerth: „Soll die GmbH beibehalten werden?“ Hanseatische Rechts- und Gerichtszeitschrift, Hamburg 1937, Band 20, Heft 8/9.

positiven an die Banken, die Großkapitalisten und deren Anhang, zu einem Werkzeug konstruktionswidriger Mißbräuche ausgewachsen hat.[12] Strukturelle Neuorganisation des Kapitalmarktes unter dem Gesichtspunkt einer gerechten und überschaubaren Koppelung von Verantwortlichkeit, Gewinnchance und Risiko.[13]

Das Patentrecht sollte bei seiner Schaffung im 19. Jahrhundert den individuellen privaten

---

12 (37) Dabei ist allerdings auch der Gesichtspunkt zu bedenken, den Max Huber, Expräsident des Verwaltungsrates der Aluminium-Industrie-AG, Neuhausen, geltend macht: „Kein Gesetz, auch kein gegen Aktiengesellschaften ressentiment-beladenes, mißtrauisches Gesetz, vermag diesen Sinn der Verantwortung festzulegen. Es gibt kein menschliches Vertrauens- und Verantwortungsverhältnis, kein Gemeinschaftsverhältnis – und dazu gehört auch jedes genossenschaftsartige Gebilde –, das wirklich lebensfähig wäre, wenn die Menschen nicht eine höhere Pflicht als die rechtlich faßbare als selbstverständlich betrachten“: „Das wirtschaftliche Unternehmen, Gedanken über sein Wesen und Ethos“, Neue Schweizer Rundschau 1942, N. F. 10, Heft 2, S. 73. Je weniger es mit dem Gesetz allein getan ist, desto mehr muß muß das Gesetz einerseits innerhalb seines Bereichs sein Bestes tun, andererseits zu seiner Ergänzung an die guten, und nicht, wie das heutige Aktienrecht, an die schlechten Instinkte der Beteiligten appellieren. Der Erfolg dieses Appells hat zu Mißtrauen, ja zu Ressentiment gegen die Aktiengesellschaften reichlichen Anlaß gegeben, in Deutschland wohl noch mehr als in der Schweiz.

13 (38) Hierzu die scharfsinnigen und auf jeden Fall erwägenswerten Ausführungen von Hans Gestrich: „Neue Kreditpolitik“, Stuttgart 1936.

Erfinder ermutigen, hat sich aber inzwischen mißbräuchlicherweise zu einer vom Staat gelieferten Monopolwaffe für den Behinderungswettbewerb großkapitalistischer Organisation ausgewachsen. Die radikal-liberalen Gegner des Patentschutzes hatten von Anfang an derartige Wirkungen befürchtet. Das einfachste und wirksamste Gegenmittel wäre vielleicht ein allgemeiner Lizenzzwang, der allerdings ergänzt werden müßte durch die gesetzliche Ungültigkeit von fortwirkenden Geheimhaltungsverpflichtungen und Konkurrenzklauseln in Anstellungsverträgen.[14]

Reklame, Zeitung, Kino und Radio, die sich zu besonderen Instrumenten der Vermassung – und wie der politischen, so auch der wirtschaftlichen Demagogie – ausgewachsen haben, erfordern, noch mehr unter kulturpolitischem als unter wirtschaftspolitischem Gesichtspunkt, eine Sonderbehandlung, die auch vor radikal durchgreifenden Maßnahmen nicht zurückscheuen sollte, wie etwa dem völligen Verbot aller derjenigen Formen der Reklame, die nur für Großfirmen erschwinglich sind, und deren völlig un-

14 (38a) Da wo, wie auf dem Gebiet der Chemie, die Finanzierung der Forschung an die großen kapitalmächtigen Monopolgebilde übergegangen war, müßte sie dann wieder als öffentliche Angelegenheit an die Universitäten und öffentlichen Forschungsinstitute zurückgehen, in deren Händen sie ja ursprünglich und bis gegen Ende des 19. Jahrhunderts lag.

werden müssen, und statt eines vorübergehend knappen Lohnes gar keinen bekommen: gesetzlich erzwungene Arbeitslosigkeit als der sozialpolitischen Weisheit letzter Schluß! Die Arbeitslosenunterstützung wirkt sich ja schon automatisch als Mindestlohngrenze aus. Zwangsversicherung gegen Arbeitslosigkeit, Aufbringung dieser Arbeitslosenunterstützungen nach dem Versicherungsprinzip durch teilweise Abschöpfung der Überlöhne bei Hochkonjunktur (was zu gleich im Sinne eines wohltätigen Konjunkturausgleichs wirkt). Selbstverständlich energische Konzentration aller öffentlichen Aufträge auf die Tiefkonjunktur, dazu langerhand und planmäßig vorbereitete öffentliche Arbeiten wie Meliorationen, Aufforstungen, Flußregulierungen, Wegebauten, Landschaftspflege usw.

Öffentliche gemeinnützige Arbeitsvermittlung, verbunden mit einer vor der Berufswahl einsetzenden Berufsberatung, und Schulungs-, Umschulungs- und Umsiedlungshilfen, um die innere und äußere Anpassungsfähigkeit des Arbeiters an den Arbeitsmarkt auf die für das Funktionieren der Marktgesetze erforderliche Höhe zu bringen.

Entsprechend strukturelle Lösung struktureller Teilkrisen durch Zurverfügungstellung staatlicher Umstellungs-, Umsiedlungs- und Rationalisierungshilfen.

Kaltblütigkeit und Ruhe gegenüber zyklischen konjunkturellen Gesamtkrisen, die, wie die Friedenserfahrungen beweisen, ohne Verschärfung durch Staatseingriffe ein durchaus erträgliches Maß nicht überschreiten, vorausgesetzt, daß für die Sicherung des Existenzminimums der Arbeiter auf dem Versicherungswege gesorgt ist. Denn das einzig wirklich Gefährliche an der normalen zyklischen Krise sind die Gegenmaßnahmen, zu denen sich, infolge des Wehgeschreis kurzsichtiger Interessenten und der Irrlehren smarter Theoretiker, die Regierungen verleiten lassen.

In der Außenhandelspolitik war, gedeckt durch nationalistische Schlagworte und autarkistische Ideologien, die pluralistische Zersetzung so weit gediehen, daß Handelsvertragsverhandlungen im Grunde von den Interessenten der beiden Länder in Form eines komplizierten Kuhhandels geführt wurden, wobei die Regierungsvertreter im wesentlichen nur noch als Huissiers, Protokollführer und Clearingagenten tätig waren. Demgegenüber muß die Handelspolitik rückhaltlos der Souveränität des Staates als des berufenen Wahrers der ihm anvertrauten Gesamtinteressen überlassen bleiben.

Was insbesondere Deutschland betrifft, wo die von Bismarck inaugurierte, durch Großgrundbesitz und Schwerindustrie pluralistisch erzwungene Schutzzollpolitik eine besonders verhängnisvolle Rolle gespielt hat, so scheint mir da das Ei des Kolumbus der Vorschlag meines Freundes Röpke, die Freihandelspolitik, die von unabhängigen deutschen Patrioten und Nationalökonomen aus rein innerdeutschen Gründen von jeher gefordert wurde, zu einer Friedensbedingung zu machen, und sich dadurch zugleich alle gehässigen Repressiv- und Kontrollmaßnahmen gegen die Rückkehr kriegsvorbereitender Autarkietendenzen zu ersparen.[16]

Lebens- und Gesellschaftsstruktur

Alle Änderungen der Wirtschaftsstruktur, die wir ins Auge faßten, stehen im Dienst einer veränderten Struktur des Lebens und der Gesellschaft, die wir erstreben. Welches aber ist denn nun die von uns erstrebte Struktur des Lebens und des Zusammenlebens?

Schon seit der Romantik, und mit neu verstärkter Intensität seit der Jugendbewegung, lautet die Antwort: Gemeinschaft! Fort von der bloßen Gesellschaft mit ihrer Kälte, Vereinzelung, Erstarrung, hin zur wahren Gemeinschaft mit ihrer Wärme, Nähe, Lebendigkeit! Aus nichts stärker als aus diesem Drang spricht der immanente Gesundungswille unserer Zeit. Trotzdem liegt auch hier eine schwere

16 (39a) Als Äquivalent solchen obligatorischen Freihandels auf deutscher Seite, der natürlich entsprechende Übergangsmaßnahmen und –hilfen erfordern würde, müßte Deutschland selbstverständlich von allen übrigen Staaten die uneingeschränkte und gegen jede Umgehung gesicherte Meistbegünstigung eingeräumt werden.

Gefahr, die so typische und immer wiederkehrende Gefahr der Gegenübertreibung aus berechtigtem Widerspruch. Weil sich Mensch und Mensch zu fern gerückt waren, meint man nun, sie könnten einander gar nicht nah genug sein. Weil die soziale Atmosphäre so kalt geworden war, meint man nun, sie könne gar nicht warm genug sein. Weil man sich in nichts mehr einig war, meint man nun, man müsse unbedingt in allem und jedem einig sein.

Vor dieser dringenden Gefahr, aus einem Extrem ins andere zu fallen, oder auch, infolge solcher augenfälligen Übertreibungen, die Menschen gar nicht von der Berechtigung der Forderung als solcher überzeugen zu können, tut es vor allem weiteren not, auch hier der Mahnung zur Mesotes eingedenk zu sein, auch hier sich darüber klar zu werden, daß es in Wahrheit, wie in so vielen anderen Fällen, keineswegs um das Maximum, sondern um das Optimum soziale Nähe geht.

Es gibt nicht nur die Gefahr der Beziehungslosigkeit, sondern ebenso auch die entgegengesetzte der Distanzlosigkeit, die infolge allzu großer und krampfhaft erzwungener Nähe auf die Dauer nur Reibungen, Entzündungen und explosiv sich entladende Abszesse erzeugt. Es handelt sich um die rechte Mitte zwischen diesen beiden Extremen, um das rechte Gleichgewicht zwischen Selbständigkeit des Einzelnen und genossenschaftlicher Verbundenheit, um einen Abstand, der weder zu groß noch zu klein ist, und Kant hatte gar nicht so unrecht, wenn er die naturgemäße Sozialstruktur menschlichen Zusammenlebens als eine „Ungesellige Geselligkeit" bezeichnete.[17] Das Muster solcher ungeselligen Geselligkeit, solcher Verbindung von Nähe und Abstand, ist die Sozialstruktur gesunden Bauerntums. Das ist einer der vielen Vorzüge bäuerlicher Lebenslage, aber bei weitem nicht der einzige.

Im Gegensatz zum Bauerntum hat das moderne Großstadtleben seinen Sinn nicht mehr in sich selber, und die eben deshalb massenhaft angebotenen Ersatzbefriedigungen, die in Wirklichkeit meist auf bloße Betäubungen hinaus-

---

17 (40) Wie sehr die menschliche Natur auf Einhaltung eines mittleren sozialen Abstandes angelegt ist und wie entschieden sie auch einer zu großen Nähe widerstrebt, das beweist ein Symptom, dem wir fast täglich begegnen, ohne es als solches richtig zu deuten: die typische Ungezogenheit verzogener und verzärtelter Kinder. Auf den ersten Blick könnte man meinen, je mehr Liebe und Zärtlichkeit ihm entgegengebracht würde, desto besser sei ein Kind daran, und desto glücklicher, fröhlicher und umgänglicher werde es demgemäß sein – viele Mütter besonders scheinen diese Meinung zu hegen. Um so größer ist dann ihre Enttäuschung und Entrüstung, wenn das Kind auf ein solches Übermaß an Zärtlichkeit und Nähe, wie bekannt, mit instinktiver Abwehr, mit launischer Ungezogenheit und Unleidlichkeit, reagiert. Auch die Kinderstube, wie jeder Lebensraum, darf nicht überheizt sein; auch bei der sozialen Temperatur, wie überall sonst im menschlichen Leben, ist das Erstrebenswerte und Angemessene nicht das Maximum, sondern das Optimum.

kommen, machen es schließlich nur immer noch sinnleerer.

Töricht freilich ist jene Einstellung, welche die „Landflucht" auf eine schuldhafte Charakterschwäche gegenüber den sündigen Verlockungen des Stadtlebens zurückführen möchte. Die sogenannte Landflucht ist vielmehr eine zwangsläufige Folge aller Fortschritte der Produktionstechnik, infolge deren für die landwirtschaftliche Produktion der Nahrungsmittel ein immer geringerer Prozentteil des Gesamtarbeitsaufwandes in Anspruch genommen wird, eine Folge, die jenen dadurch unvermeidlich zunehmenden Teil der Bevölkerung trifft, dessen Arbeitskraft deshalb nicht mehr durch unmittelbare Agrarproduktion in Anspruch genommen wird.

Nun ist es zunächst einmal ein noch nicht genug gewürdigtes großes Glück für die Menschheit, daß sich weit mehr als die Hälfte von ihr auch heute noch in dem unmittelbar sinnvollen Zustand des Bauerntums (oder des bäuerlichen Handwerks) befindet. Auch in den sogenannten Industrieländern spielt das Bauerntum nebst den sonstigen ihm mehr oder weniger gleichzustellenden, in sich befriedigenden Lebenslagen glücklicherweise noch eine wesentlich größere Rolle, als man sich dessen meist bewußt ist.[18]

---

18 (41) Vgl. Gerhard Colm: „Kapitalistische und nichtkapitalistische Elemente in der heutigen deutschen Volkswirtschaft"; „Kapital und Kapitalismus", herausgegeben von Bernhard Harms, Berlin 1930, Band I, S. 105–135.

Aus dem allen ergibt sich die weit überwirtschaftliche Wichtigkeit einer Politik, die extensiv wie intensiv auf Erhaltung und Förderung des Bauerntums gerichtet ist, natürlich unter Ausschluß von Mitteln, die die soziale Gesundheit des Bauerntums selber gefährden.

Das Bauerntum ist auch die eigentliche natürliche Grundlage eines gesunden Liberalismus, wie das in bis heute klassischer Weise das antifeudale bäuerliche Lehrgedicht des alten Hesiod (nach 700 v. Chr.) zeigt.[19]

Die Frage, welche Lebenslagen der bäuerlichen an selbstgenügsamen, vitalem Befriedigungswert gleichzustellen sind, bedarf einer eigenen Untersuchung. Sie ist auch deshalb so wichtig, weil einer wesentlichen Vermehrung des Bauerntums selber die erwähnten wirtschaftlichen Zwangsläufigkeiten der fortschreitenden Rationalisierung im Wege stehen. Dabei ergibt sich die Tatsache, daß auch der ländliche Heimarbeiter auf eigener Stelle unter vernünftigen wirt-

Es wäre eine wichtige statistische Aufgabe, einmal mit der Genauigkeit, welche die jeweils vorhandenen Unterlagen erlauben, entsprechende Berechnungen vor allem unter dem Gesichtspunkt der Lebenslage und ihrer Struktur. Sombart: „Der moderne Kapitalismus", III 2 (München 1928), S. 269, kommt zu dem Ergebnis, daß etwa zwei Drittel der gesamten Menschheit noch heute als Bauern leben. Die Schätzung ist sehr grob und in manchen ihrer Voraussetzungen anfechtbar, aber das Ergebnis dürfte sich nicht allzuweit von der Wahrheit entfernen. [Neu Aufl., Berlin 1986].

19 (42) Vgl. Anmerkung 10 des Anhangs S. 118 – 121.

schaftlichen und organisatorischen Bedingungen (die staatlich sichergestellt werden können) durchaus noch an der befriedigenden Vitalsituation des Bauern teilhat. Ähnliches scheint sogar noch für den Fabrikarbeiter auf zwergbäuerlicher Familienstelle nach württembergischem Muster zu gelten.[20] Die gesamte Literatur und Begriffsbildung des 19. Jahrhunderts über Heimindustrie und Heimarbeit, die vorurteilsvoll und einseitig immer nur die – weder zentrale noch unbeeinflußbare – Einkommenslage ins Auge faßte, ist hiernach grundlegend revisionsbedürftig.

An einer mehr oder weniger bäuerlichen sozialen Lebenslage haben auch noch teil der Kleinhändler, der selbständige Kaufmann, der kleine selbständige Fabrikant und nicht wenige andere. Ferner in besonderer Weise die Angehörigen der sogenannten freien Berufe, besonders dann, wenn sie ihre Möglichkeiten in dieser Richtung ausnutzen.[21]

Stellt man aber, wie wir es ja tun, der bäuerlichen Lebenslage als entgegengesetztes Extrem die proletarische oder proletarisierte Lebenslage gegenüber, so gibt es noch andere soziologische

---

20 (43) Erich Preiser: „Die württembergische Wirtschaft als Vorbild", Stuttgart 1937. Adolf Lampe: „Rückkehr der Industrie zur Landwirtschaft", Die Gegenwart, Freiburg i. B., Mai 1947.

21 (44) Bei manchen deutschen Gelehrten guten alten Schlages z. B. war der soziologische Charakter des intellektuellen Bauern, des Geisteshandwerkers, „Gehirnschusters", nach Typus und Lebenshaltung unverkennbar.

Gruppen, die, ohne bäuerlich zu sein, doch auf andere Weise in hohem Grade unproletarisch und von den spezifischen Nachteilen der Proletarisierung frei sind. Dahin gehört vor allem das gesamte öffentliche und private Beamtentum, das ja für die Weltanschauung des Sozialismus das eigentliche Gegenideal zum Proletariertum bildet. Ferner die höheren und mittleren Angestellten und wohl noch manche andere.

Bei einer Weltstatistik unter diesem Gesichtspunkt müßte man also eigentlich das Proletariat allen übrigen nichtproletarisierten Sozialgruppen gegenüberstellen.

Die Proletarisierung des Industriearbeiters, seine Verstädterung, die Unterstellung seines Arbeitstages unter fremdes Kommando, seine Kasernierung in riesigen Fabriksälen – das waren die eigentlichen Ursachen seiner tiefen vitalen Unbefriedigung, die sich auch durch noch so hohe Löhne und noch so weitgehende Arbeitszeitverkürzung nicht wettmachen lassen.[22] Man betrachtete sie im 19. Jahrhundert als unabwendbare Folgen des technischen Fortschrittes.

22 (45) „Da die Wirtschaft um des Menschen willen da ist, und nicht der Mensch um der Wirtschaft willen, so ist die Vitalsituation des wirtschaftenden Menschen ein überwirtschaftlicher Wert. Die Wirtschaft ist Mittel, die Vitalsituation aber Zweck. Diese grundlegende Wahrheit gehört zu denen, die der alten soziologieblinde Vulgärliberalismus übersah. Daraus ergab sich die ihm selbstverständliche und so auch vom Sozialismus übernommene Überzeugung, daß das Glücksgefühl des ar-

Man meinte, es sei die Maschine, die den Arbeiter von der Scholle reißt und in die Stadt saugt.

Wir wissen heute, daß es nicht die Maschine an sich, sondern nur eine bestimmte, inzwischen schon überholte Form der Maschine war, die diese verhängnisvolle Wirkung hatte, nämlich die über Welle und Riemen von einer zentralen Kolbendampfmaschine her angetriebene Arbeitsmaschine, eine Anordnung, die technisch dazu zwang, eine möglichst große Zahl von Arbeitsplätzen möglichst dicht zusammenzupferchen, weil mit der Länge der Welle die technischen Schwierigkeiten und die Energieverluste erheblich zunahmen.

Ein erster und äußerst folgenreicher Schritt in entgegensetzter Richtung war 1830 die Erfindung der Nähemaschine durch den Franzosen Thimonier, dem dann 1845 in USA Howe und Singer

---

beitenden Menschen proportional der Lohnhöhe und umgekehrt proportional der Arbeitszeit sein müsse. Während in Wirklichkeit die tiefe Unzufriedenheit des modernen Industriearbeiters bedingt ist durch seine unmenschliche und menschenunwürdige Vitalsituation, die Unnatur und Naturferne der Großstadt, die Schrumpfung des Familienlebens, das Wohnen in Mietskasernen und Straßenschluchten, die herdenhafte Fabrikarbeit in Arbeitskasernen und nach Kommando, die sinnferne Teilhaftigkeit dieser Arbeit, ihr gehetztes Tempo, und die nicht geringere Hetze und betäubende Sinnlosigkeit großstädtischer Vergnügungen und Zerstreuungen": Das Versagen des Wirtschaftsliberalismus als religionsgeschichtliches Problem, 1945, S. 91–92 [vgl. Anmerkung 5].

folgten. Sie hat bis zum heutigen Tage das gesamte Bekleidungsgewerbe vor der Elephantiasis-Infektion, vor der Tendenz zum Großbetrieb, geschützt und eine der wichtigsten und verbreitetsten gewerblichen Betätigungen dem Bereich der Familie erhalten. Eine von sozialistischen Vorurteilen freie Sozialgeschichte der Nähmaschine wäre vielleicht eine besonders dankbare Aufgabe monographischer Behandlung.

Auf dem Gebiete des Verkehrswesens hat eine ähnlich dekonzentrierende Wirkung gehabt der Übergang von der Eisenbahn zum Automobil, dem das Fahrrad vorausgegangen war und das Motorrad folgte.

Aber auch für die eigentliche Fabrikation selber ist diese technische Notwendigkeit inzwischen längst durch den modernen elektrischen Einzelantrieb (z. T. auch durch den Kleinmotor) überwunden. Er gibt uns weitgehend die Möglichkeit, dem Arbeiter seine Maschine ins Haus zu stellen. Soweit hierbei etwa höhere Nebenkosten entstehen, die den Lohn bis zu gewissem Grade belasten, wird in den meisten Fällen dieser Nachteil durch die unmittelbaren vitalen Vorteile bei weitem überkompensiert werden. Wir dürfen nicht vergessen, daß der Lohn doch nicht Selbstzweck ist, sondern nur ein Mittel, um dem Arbeiter die vitalen Möglichkeiten zu geben, die er sich mit seiner Hilfe verschaffen kann. Kann er sich bei geringerem Lohn eine befriedigendere Vitalsituation schaffen, so ist er offenbar nicht schlechter, sondern besser daran.

Selbstverständlich hat solche Möglichkeit der „Werkstattaussiedelung“[23] (fabrique dispersé) Grenzen – es ist gewiß nicht möglich, dem Arbeiter einen kleinen Hochofen in die gute Stube zu stellen. Aber wir kennen diese Grenzen noch nicht einmal theoretisch – ganz abgesehen davon, daß sie praktisch noch weit jenseits unseres Horizontes liegen. Und das Beispiel Japans sollte uns zu denken geben, wo moderne Lokomotiven verteilt in Heimarbeit hergestellt werden.

Und was den Hochofen und ähnliches betrifft, so hat die experimentelle Psychologie nachgewiesen, daß es eine nicht unbeträchtliche Minderheit von Menschen gibt, denen Arbeit nach Kommando im Takt und in der Kolonne vital befriedigender ist als eine mehr bäuerliche Selbstverantwortlichkeit und Familieneinbettung. Es müßte erst noch untersucht werden, ob der Prozentsatz so veranlagter Menschen nicht vielleicht ganz gut mit demjenigen übereinstimmt, der für die aus technischen Gründen nicht aussiedelbaren Industriezweige gebraucht wird.

Durch alle derartigen Maßnahmen würde die Verstädterung zwar fühlbar und wohltätig

---

23 (46) Willy Hellpach und R. Lang: „Gruppenfabrikation“. Eugen Rosenstock: „Werkstattaussiedlung, Untersuchungen über den Lebensraum des Industriearbeiters.“ (Sozialpsychologische Forschungen, herausgegeben von Willy Hellpach, Bd. 1 und 2) Berlin 1922.

gemildert, aber natürlich keineswegs aufgehoben werden. Infolgedessen sind alle die Fortschritte, die in den letzten Jahrzehnten in Richtung Stadtplanung und Stadthygiene gemacht worden sind, von großer Wichtigkeit. Sie werden noch wesentlich gesteigert werden können in dem Maße, als wir es lernen, das Problem der Stadt und ihrer vitalen Funktion noch unter sehr viel weitere soziologische und weltgeschichtliche Gesichtspunkte zu stellen.

Wesentliche Gründe für Entstehung und Wachstum der Städte haben mehr oder weniger zwangsläufigen Charakter und gelten größtenteils auch noch heute. Die Stadt hat sich entwickelt als der naturgemäße und sachnotwendige Standort für die Hervorbringung der Hochkulturen.[24] Das begründet den Anspruch der Stadt auf eine kategoriale menschliche Würde und Bedeutung, die sich in ihrer Art durchaus neben die des Bauerntums stellen darf. Die Stadt ist mehr als etwa bloß ein notwendiges Übel. Wie es den „ewigen Bauern“ gibt, so gibt es auch die „ewige Stadt“. Wer die Hochkultur bejaht, kann nicht die Stadt verneinen. Die seit einiger Zeit in gewissen Kreisen Mode gewordene Stadtverachtung ist ein kurzsichtiger Snobismus, soweit sie nicht einfach auf dem Ressentiment agrarischer Egoismen

24 (47)Alexander Rüstow: „Entstehungs- und Lebensbedingungen der Hochkulturen“, Synopsis, Festgabe für Alfred Weber, Heidelberg 1948, Seite 399–433.

beruht. Und die im Zusammenhang damit weithin durchgedrungene abschätzige Bedeutung von Bürger und Bourgeois beruht auf einer ebenso seltsamen wie interessanten Mischung von altem feudalem und neuem sozialistischen Ressentiment. Daß die Stadt, im Gegensatz zum statischen Beharren des Bauerntums, das dynamische Element des Fortschrittes verkörpert, gerade das gibt ihr ja ihren Sonderplatz und ihr polares Eigenrecht gegenüber dem Bauerntum.[25]

Nun hat allerdings das Bauerntum seine angemessene und im großen endgültige Lebensform längst gefunden, während für die Stadt dieses Ziel auch noch nicht annähernd erreicht ist. Das liegt an der ganz unverhältnismäßig viel größeren Kompliziertheit und Schwierigkeit der Aufgabe, die durch den extrem dynamischen Charakter der Stadt noch fortwährend gesteigert wird. Und zu einer angemessenen Lösung dieser in dauernd fortschreitender Selbstkomplizierung begriffenen Aufgabe haben eben die wenigen Jahrtausende, die der Menschheit bisher dafür zur Verfügung standen, anscheinend noch

25 (48) Es wäre eine höchst interessante und aufschlußreiche Aufgabe, die geschichtlichen Schwankungen in der Bewertung von Stadt und Land zu verfolgen und auf ihre jeweiligen Entstehungsgründe zurückzuführen. Auch eine Begriffsgeschichte von bourgeois wäre in diesem Zusammenhang wichtig. Vgl. Rudolf Smend: „Bürger und Bourgois im deutschen Staatsrecht", Berlin 1933, und die dort aufgeführte Literatur.

nicht ausgereicht, um so weniger, als man dabei noch empfindliche Unterbrechungen und Traditionsverluste in Abzug bringen muß.[26] Manche früheren Zeiten scheinen unter ihren Voraussetzungen der Lösung schon näher gewesen zu sein als wir. Es bleibt uns hier, unter den uns gegebenen erschwerten Bedingungen, noch Entscheidendes zu leisten. Und wir bringen für die Lösung dieser wichtigen Gestaltungsaufgabe, die uns, wie wir sahen, ganz besonders auf den Nägeln brennt, auf technischem wie auf intellektuellem Gebiet einige Voraussetzungen mit, die früheren Zeiten noch fehlten.[27]

26 (49) Man erinnere sich etwa der erstaunlichen Niveauhöhe, die die Technik des Städtebaus schon der Induskultur des III. Jahrtausends v. Chr. erreicht hatte.

27 (50) Die technischen Probleme der Großstadt beruhen zu einem wichtigen Teil darauf, daß Ausscheidungen und Abfälle, die unter ländlichen Verhältnissen sich durch ihre starke räumliche Verteilung und entsprechend hohe Verdünnung mehr oder weniger von selbst erledigen, in der Stadt infolge ihrer Konzentration besonderer Veranstaltungen zu ihrer Beseitigung und Unschädlichmachung bedürfen. Für die festen und flüssigen Abfälle ist dieses Problem durch Kanalisation, Müllabfuhr und Straßenreinigung im wesentlichen gelöst. Auch die Verschmutzung der Luft durch Ruß und Feuerungsabgase kann durch entsprechende technische Vorkehrung verhindert oder doch auf ein erträgliches Maß reduziert werden, soweit es sich um ortsfeste Feuerungen handelt, während die Abgase der Automobile usw. ein noch unbewältigtes Problem darstellen. Ganz am Anfang steht man noch bezüglich des Lärmes, der akustischen Verschmutzung der Luft. Grundsätzlich müßte das Menschenrecht jedes Einzelnen anerkannt

So wenig es selbstverständlich möglich ist, bloße äußere räumliche Nähe in Gemeinschaftsverbundenheit zu verwandeln, so könnte doch auch sonst noch manches getan werden, um wenigstens die unter solchen Umständen möglichen und erwünschten nachbarschaftlichen Mindestbeziehungen der Rücksichtnahme und Hilfsbereitschaft zu fördern und sicherzustellen. Dazu würde z. B. die rechtliche Wiederherstellung der Nothilfepflicht gehören. Noch im Mittelalter bestand bekanntlich das Recht der Notrufe: Jeder, der einen solchen Notruf, wie Mordio! Diebio! Feurio! hörte und nicht zur Hilfe herbeieilte, machte sich strafbar, während heute eine solche Strafbarkeit in einem völlig unwirksamen Maße nach § 360 StGB bezeichnenderweise nur eintritt, wenn man einer Aufforderung der Polizei zur Hilfeleistung nicht Folge leistet, obwohl man es ohne erhebliche eigene Gefährdung könnte.[28] Aber das Rechtsgefühl geht da, wie mir scheint, schon wieder bedeutend weiter, und würde

---

werden, von vermeidbaren und unerwünschten Gehörseindrücken verschont zu bleiben, mit entsprechenden polizeilichen Ausführungsbestimmungen. Auch sozialethisch könnte eine solche Anhaltung zu gegenseitiger Rücksichtnahme nur günstig wirken.

28 (51) § 360 StGB: „Mit Geldstrafe bis zu einhundertfünfzig Mark wird bestraft: ... 10. Wer bei Unglücksfällen oder gemeiner Gefahr oder Not von der Polizeibehörde oder deren Stellvertretern zur Hilfe aufgefordert, keine Folge leistet, obgleich er der Aufforderung ohne erhebliche eigene Gefahr hätte genügen können."

sicherlich die exemplarische Bestrafung eines Menschen fordern, der, obwohl guter Schwimmer, einen um Hilfe Rufenden vor seinen Augen kaltblütig ertrinken läßt.

Die Fortschritte der Verkehrstechnik haben, ganz entsprechend der Werkstattaussiedelung, eine Stadtaussiedelung möglich gemacht, wie sie ja auch vielfach schon im Gange ist. Die Atombombe hat diesem Problem eine düstere Aktualität und Dringlichkeit verliehen. Aber damit allein ist es natürlich bei weitem noch nicht getan, und es ist sogar zu bedenken, daß eine hemmungslose Durchführung dieses Prinzips in den europäischen Ländern mit großer durchschnittlicher Bevölkerungsdichte die Folge haben würde, daß es bald überhaupt kein „Land" mehr geben wird, sondern die gesamte Fläche von einer aufgelockerten Stadt bedeckt ist, wie heute schon etwa im rheinisch-westfälischen Industriegebiet oder in Teilen Belgiens und Englands. Das Grundproblem ist eben das der absoluten Übervölkerung.

Eine der schlimmsten Krankheitserscheinungen unserer modernen Vermassung ist der völlige Verlust der Bodenständigkeit. Der moderne Städter, fortwährend von einer Mietswohnung in die andere „umziehend", von einer Stadt in die andere „versetzt" oder aus irgendwelchen wirtschaftlichen oder sonstigen Gründen wechselnd, er weiß schon längst nicht mehr, was „Heimat" ist, was eine Landschaft, was ein

Stück Erde, was ein eigenes Haus dem sein kann und sein soll, der da seit Generationen bodenständig und verwurzelt ist, der an dieser selben Stelle geboren ist und einmal sterben wird, der unter Bäumen sitzt, die der Großvater oder Urgroßvater gepflanzt hat, und der Bäume pflanzt, die seinen Enkeln und Urenkeln Frucht und Schatten geben werden.

Wenn man als Städter auf einer Eisenbahnfahrt durcheine noch so einfache und bescheidene Landschaft fährt, und da an einem Bach, am Fuße eines Hügels, am Rande eines Wäldchens jene kleinen Häuser sieht, deren jedes mit seiner von Kind auf vertrauten nächsten Umgebung einer Familie und jedem einzelnen dieser Menschen noch wirklich erbliche Heimat ist, dann wird man sich sehnsüchtig bewußt, was alles man als unsteter Städter entbehrt.

Der bäuerliche Sinn dafür, daß man eigentlich und von Rechts wegen in einem eigenen Einfamilienhaus wohnen müßte, und daß eine Mietswohnung im Grunde abnormal und menschenunwürdig ist, hat sich in keinem Lande lebendiger erhalten, als in England, wo überhaupt zwar das Bauerntum selbst am frühesten verschwunden ist, die Bäuerlichkeit aber, vor allem wohl auf dem Wege über den halbbäuerlichen kleinen Landadel, sich am stärksten konserviert hat. Vielleicht war es gerade das Verschwinden der konkreten, alltäglichen bäuerlichen Realität, das das auf dem Kontinent übliche Herabblicken des Städters und des Feudalen auf den Bauern eliminierte, die Idealisierung begünstigte und die Bäuerlichkeit in einem romantisch verklärenden Lichte erscheinen ließ.

Für den Bauern und bäuerlichen Handwerker ist die erbliche Seßhaftigkeit des Einfamilienhauses selbstverständlich, und ebenso auch noch für den halbbäuerlichen Heimarbeiter oder Fabrikarbeiter. Aber schon bei diesem letzteren beginnt eine Problematik, die für den reinen Industriearbeiter in voller Schärfe gilt, nämlich die Antinomie zwischen dem Ideal der Seßhaftigkeit und der Forderung größtmöglicher Umstellungsbeweglichkeit, die eines der wichtigsten Mittel der Krisenüberwindung bildet; solche Umstellung macht zwar nicht immer, aber doch sehr häufig, Ortswechsel unmöglich, und wir hatten oben aus krisenpolitischen Gründen sogar tunlichste Erleichterung und Beschleunigung solcher Umstellung und solchen Ortswechsels gefordert. Hier liegt nun zwar eine jener leider recht zahlreichen „Antinomien der Gesellschaft" vor, die sich aber bei näherem Zusehen als nicht so schroff entpuppt, als es auf den ersten Blick scheinen könnte. Denn die krisenpolitische Forderung möglichster Umstellungsbeweglichkeit richtet sich ja zu 90 Prozent oder mehr an städtische Industriearbeiter, bei denen in dieser Hinsicht ohnedies nichts mehr zu verderben ist, die ohnedies gewohnt sind, ihre unerfreuliche Mietswohnung auch bei gleichbleibender Arbeitsstelle fortwährend zu wechseln, und auf die also Wechsel auch der Stadt meist eher als erwünschte Abwechslung wirken wird. Wirklich antinomisch wird die Lage erst bei den halbbäuerlichen Arbeitern, aber da diese ja ohnehin eben infolge ihrer Halbbäuerlichkeit weit krisenfester sind, so wird es bei ihnen in aller Regel möglich sein, zu Gunsten der Ortsfestigkeit zu entscheiden.

Im weitesten Bereich der sozial höheren und der sogenannten freien Berufe ist die heute üblich hochgesteigerte Ortsunstetigkeit größtenteils freiwillig oder nur berufsüblich, aber keineswegs sachlich unvermeidlich. Wenn das heute vorwaltende Streben nach Abwechslung durch ein entgegengesetztes Streben nach Stetigkeit abgelöst werden würde, wenn man einmal planmäßig für jeden einzelnen Fall durchüberlegen würde, welche Ortswechsel wirklich sachnotwendig und unvermeidlich, welche überflüssig oder jedenfalls vermeidbar sind, sei es auch vielleicht um den Preis des Verzichtes auf gewisse Vorteile oder selbst geringer materieller Opfer oder Nachteile, so würde sich auf jeden Fall die Bodenständigkeit und Seßhaftigkeit ganz außerordentlich steigern lassen. Freilich hat sie auch hier nur dann rechten Sinn, wenn als ihre Basis ein erbliches Einfamilienhaus, und nicht nur eine beliebige Mietswohnung, zur Verfügung steht.[29]

Aber in dieser Hinsicht bietet ja die Notwendigkeit der Deglomeration, die durch den modernen Luftkrieg, und gar durch die Atombombe, erzwungen wird, ungeahnte Möglichkeiten, die in ihren verschiedenen positiven Konsequenzen umfassend und planmäßig durchverfolgt werden müssen.

Startgerechtigkeit

Je mehr man die soziale Einkommensverteilung, unter vernünftiger Sicherung einer unteren Mindestgrenze, dem Walten eines streng überwachten fairen Leistungswettbewerbs und seiner Marktgesetzlichkeit überläßt, desto mehr muß sich natürlich die Forderung sozialer Gerechtigkeit auf den individuellen Start in diesem Wettlauf konzentrieren.[30] Offenbar ent-

---

29 (52) Öffentlich gefördert werden könnte diese Tendenz einerseits durch Freistellung des selbstbewohnten Einfamilienhauses von Steuern und Abgaben, andererseits durch seine Bevorzugung bei der Gewährung von Hypothekenkrediten und deren Bedingungen.

30 (53) „C'est donc une des plus importantes affaires du Gouvernement de prévenir l'extrême inégalité des fortunes“: J. J. Rousseau: Économie politique (Artikel für die große Encyklopädie). Ebenso Considérations sur le gouvernement de Pologne, chapitre X, alinéa 5: „Il faut que la législation tende toujours à diminuer la grande inégalité de fortune et de pouvoir“.

spricht es nicht den Grundsätzen eines fairen, allein auf die Leistung abgestellten Wettbewerbs, wenn in ihm ein Wettbewerber nur dadurch einen wesentlichen und vielleicht uneinholbaren Vorsprung hat, daß er bei der Wahl seiner Eltern die nötige Vorsicht walten ließ und als Sohn eines reichen Vaters startete. Und zwar erstreckt sich die dem gegenüber zu erhebende Forderung der Startgerechtigkeit im wesentlichen auf zwei Dinge: auf Bildung und auf Vermögen. Diese Doppelforderung wurde bereits Ende des 5. Jahrhunderts v. Chr. aufgestellt durch den griechischen Verfassungssoziologen Phaleas von Kalchedon[31], der nach dem Bericht des Aristoteles die Meinung vertrat, in zwei Dingen müsse verfassungsmäßige Gleichheit herrschen: Vermögen und Bildung.[32]

Von diesen beiden Forderungen ist die nach gerechter Gleichheit der Bildung vielleicht die wichtigste und überdies die am leichtesten zu erfüllende. Die traditionelle herrschaftliche Über-

31 (54) Kalchedon, in Kleinasien, gegenüber Istanbul, an der Mündung des Bosporus ins Marmarameer, später Chalkedon, heute Kadiköy, seit 1933 Wohnort des Verfassers.

32 (55) Aristoteles, Politik, II, 7, 6: 1266 b. 32 Mindestens dieser entscheidende Gedanke, wenn nicht der gesamte auf ihn bezügliche Abschnitt, sollte in den Fragmenten der Vorsokratiker ausgeschrieben sein, wo auch die Paarung mit Hippodamos sich kaum rechtfertigen lassen dürfte. Übrigens verdiente dieser, mein kadiköyer Mitbürger, einmal monographische Behandlung.

legenheit der Oberschicht gründete sich in späteren Stadien der Entwicklung nicht zuletzt auf ihr Bildungsmonopol, das im Laufe der Zeit immer mehr plutokratische Formen annahm. Gerade in dieser plutokratischen Form war aber die Ungerechtigkeit und Unzweckmäßigkeit des Bildungsmonopols so unzweideutig, daß sich seine zunehmende Durchlöcherung nicht hatte vermeiden lassen. Wessen es aber heute bedarf, das ist seine völlige Beseitigung.

Grundsätzlich dürfte Niemandem aus pekuniären Gründen eine Ausbildung vorenthalten bleiben, für welche die Fähigkeit und der Wille vorhanden sind. In dieser Richtung haben ja schon von jeher Freiplätze, Stipendien und ähnliche Einrichtungen gewirkt. Es handelt sich da also weder grundsätzlich noch praktisch um etwas völlig neues. Die vorhandenen Ansätze müßten nur modernisiert und verallgemeinert werden. Eine allgemeine Sozialisierung der Bildung ist dazu keineswegs vonnöten, im Gegenteil könnte man dann mit um so besserem sozialem Gewissen in strenger Staffelung nach oben hohe geistige und menschliche Ansprüche stellen. Auch braucht niemand von einer höheren Bildung gewaltsam ausgeschlossen zu werden, soweit die Kosten voll von ihm selbst bzw. seinen Eltern getragen werden, und nicht, wie bisher, zu erheblichem Teil von der Allgemeinheit. Entspricht diese Ausbildung nicht seinen Fähigkeiten, so wird sie für ihn bei freier Leistungskonkurrenz im Kampf des Lebens eher ein unnützer Ballast als ein Vorteil sein. Und die schon jetzt sehr spürbare Tendenz, seinen Kindern lieber eine ihren wirklichen Fähigkeiten und Neigungen angemessene, als eine „standesgemäße" Ausbildung zu geben, wird sich noch wesentlich verstärken.

Diese Forderung der Bildungsgerechtigkeit wird infolge ihrer evidenten und unbestreitbaren Billigkeit dem geringsten grundsätzlichen Widerstand begegnen (mindestens in ihrer positiven Auswirkung), und sie wird sich mit dem geringsten Aufwand an gesetzlichen Maßregeln und Kosten durchführen lassen.[33] Dabei wird sie ganz besonders wirksam sein. Denn mit welcher Erziehung und Vorbildung, mit welchem Wissen und Können jemand in den Konkurrenzkampf des Lebens eintritt, ist noch weit wichtiger als mit welchem Vermögen. Zudem

33 (56) Aber selbstverständlich fehlt es auch hier im einzelnen nicht an Schwierigkeiten und Problemen. Das 19. Jahrhundert glaubte – und man glaubt stellenweise noch heute –, das Problem einer objektiven und gerechten Begabungsauslese durch eine immer weiter getriebene Verfeinerung experimentalpsychologischer Testmethoden „mit Hebeln und mit Schrauben" lösen zu können. Aber es gibt Testbegabungen (wie Prüfungsbegabungen überhaupt), die keine Leistungsbegabungen sind, und umgekehrt, und gerade das eigentlich Zentrale und Wesentliche an Begabung und Charakter liegt nicht in der Testebene. Dem jungen Demosthenes mit seinem Zungenfehler würde keiner unserer Experimentalpsychologen den Rednertest zugebilligt haben.

ist Leistungsfähigkeit ein weit sicherer Besitz als Vermögen, das, noch dazu unter heutigen Verhältnissen, nur allzu leicht verloren geht; durch sie und nur durch sie kann Einkommen und Vermögen jeder Zeit und jeden Orts neu erworben werden. Das sieht man ja besonders deutlich jetzt, wo der Zweite Weltkrieg mit seinen Folgen so viele Vermögen vernichtet hat, und die früheren Besitzer und deren Kinder allein auf ihr Können und das, was sie gelernt haben, angewiesen sind.

Besonders verdienstvoll und wirksam in dieser Richtung war übrigens die Praxis der katholischen Kirche. Da sich infolge des Coelibats das Priestertum nicht vererben konnte, fehlte hier von vornherein das schwerste Hindernis, das sonst der Startgerechtigkeit im Wege steht. Und auf Grund der Lehre von der Gleichheit aller unsterblichen Seelen vor Gott konnte sich so das Interesse der Kirche an einem möglichst begabten und leistungsfähigen Nachwuchs ohne Rücksicht auf die soziale Herkunft ziemlich ungehemmt entfalten.

Fromme und wohltätige Stiftungen für die Ausbildung begabter Unbemittelter griffen dann mit der Reformation auch auf weltliches Gebiet über, und insbesondere der Pietismus bearbeitete dieses Feld mit großer Intensität. Der Rationalismus der Aufklärung verallgemeinerte die zugrunde liegende Forderung, überließ aber das Stipendienwesen nach wie vor privater Wohltätigkeit. Erst die Weimarer Verfassung brachte in Deutschland dem Prinzip grundsätzliche öffentliche Anerkennung, und erst die Butler-Act in Labour-England ging (unter Ellen Wilkinsons Leitung) zur gesetzlichen und öffentlichen Durchführung im Großen über; die Ergebnisse und Erfahrungen werden von höchstem Interesse sein.[34]

So leicht und zweifelsfrei die Berechtigung und Bedeutung der Forderung wirtschaftlicher Startgerechtigkeit einzusehen und zu begründen ist, so überraschend und unverhältnismäßig groß schienen die Schwierigkeiten aller Art zu sein, die sich ihrer Durchführung in den Weg stellten. Denn das bisher, wie es scheint, allein in Betracht gezogene Mittel war entweder das einer konfiskatorischen Erbschaftsteuer, das nach und nach einen immer größeren Teil der Wirtschaft in die öffentliche Hand bringen und schließlich zur Vollsozialisierung führen müßte, oder aber eben die sofortige Vollsozialisierung, was dann schon einfacher und folgerichtiger wäre – wenn auch in Wirklichkeit mit dem gerade entgegengesetzten Erfolg eines Rückfalls in primitivere und wesentlich schroffere Formen sozialer Ungleichheit.

---

34 (56a) Natürlich genügt es nicht, minderbemittelten Begabten die ihrer Veranlagung entsprechende Ausbildung kostenlos zugänglich zu machen und sie selbst während dieser Zeit freizuhalten. Soweit sie sonst ihrerseits durch Erwerbsarbeit zum Unterhalt ihrer Familie beitragen müßten, wäre der Familie dieser Ausfall zu ersetzen.

Ich glaube aber, daß es einen individualistischen, nicht kollektivistischen Weg gibt, um bei voller Aufrechterhaltung von Marktwirtschaft und Wettbewerbsfreiheit dennoch volle wirtschaftliche Startgleichheit zu erreichen und zu sichern.

Stellen wir uns im Gedankenexperiment eine rein kleinbäuerliche Volkswirtschaft mit lauter normalgroßen Familienwirtschaften vor. Für sie ist das Problem der Startgleichheit leicht gelöst. Wir lassen die Marktwirtschaftsfreiheit uneingeschränkt, einschließlich des Verkaufs und Erwerbs von Liegenschaften. Dann kann im Lauf seines Lebens jeder Bauer, je nach seinem Wirtschaftserfolg, seinen Hof verlieren oder beliebig viele Höfe zusammenkaufen.[35] Wir brauchen nur zu bestimmen, daß kein Bauernsohn mehr als einen Hof erben darf, und daß die dadurch oder sonst überzählig werdenden Höfe entweder vom Erblasser oder sonst durch die öffentliche Hand an hoflose Bauernsöhne ausgeben werden. Setzen wir dann noch sich gleichbleibende Bevölkerungszahl – wie etwa heute in den französischen Kleinbauerngebieten – voraus, so

35 (57) Diese Möglichkeiten und also eine ihnen entsprechende Wirtschaftsordnung setzt bereits nach 700 v. Chr. Hesiod in seinem bäuerlichen Lehrgedicht voraus, wo er seine Ermahnungen zum Fleiß damit begründet: „Damit du Anderer Höfe kaufen kannst, und nicht ein Anderer deinen“ (Vers 341; die vorhergehende Verse 336–340 sind, ebenso wie 327–334, orphische Interpolationen).

ist das Problem der Startgleichheit bei voller Marktwirtschaftsfreiheit restlos gelöst. Das ändert sich auch nicht, wenn wir, einen Schritt wirklichkeitsnäher, gewerbliche und kaufmännische Familienbetriebe dazunehmen, die dann eben genau wie Bauernhöfe behandelt werden. Für zweckmäßige Durchführungsvorschriften, vor allem für Sicherung gegen Umgehungen, müßte natürlich, kann aber auch, gesorgt werden.

Dies Gedankenexperiment zeigt bereits, daß das Problem der Startgleichheit aufs engste zusammenhängt mit dem Problem der Betriebsgröße. Soweit in der Wirtschaft der Bereich des Kleinbetriebs, des Familienbetriebs, sich erstreckt, ist das Problem ohne weiteres lösbar. Das ergibt einen neuen, höchst gewichtigen Grund für den Kleinbetrieb, für dessen wirtschaftspolitische Förderung und Bevorzugung sich uns ja bereits eine Fülle anderer überwirtschaftlicher Gründe ergeben hatten.

Für die verbleibenden Großbetriebe aller Art ist das Problem schwieriger zu lösen. In Frage kommt die genossenschaftliche Betriebsform, bei der jeder Arbeiter an seinem Teil Miteigentümer des Betriebes ist. Diese Form war im späteren Mittelalter entwickelt worden in Betriebszweigen, die, wie der Bergbau, aus technischen Gründen den Rahmen eines familiären Kleinbetriebs unvermeidlicherweise überschritten. Auch französischen und englischen Anarcho-Sozialisten des 19. Jahrhunderts schwebte diese Lösung vor. Wie weit und in welchen Formen und Abwandlungen sie unter modernen Verhältnissen anwendbar wäre, verdiente sorgfältige Untersuchung.

Als weiterer Ausweg bei verbleibenden Großbetrieben käme in Betracht eine entsprechende Stückelung der Eigentumstitel, etwa so, daß der Wert jedes Stücks dem Wert eines durchschnittlichen Bauernhofes entspricht (Geschäftsanteile, Aktien, Kuxe usw.), und Anwendung der gleichen erbrechtlichen Bestimmungen wie für Bauernhöfe und Handwerksbetriebe auf diese Eigentumsanteile. Selbstverständlich würden hier die Durchführungsvorschriften wesentlich komplizierter und schwieriger werden, aber grundsätzlich liegen Lösungsmöglichkeiten auch hier vor.[36]

---

36 (58) In Betracht zu ziehen wären hier, außer Produktivgenossenschaften, Konsumvereine u. ä., alle gangbaren Formen von Gemeinschaftsunternehmungen, bereits erprobte wie die bewundernswürdige Organisation der Jenaer Zeißwerke durch Ernst Abbe, oder auch neu auszubildende.

Die oben angestellten Erwägungen beziehen sich auf das Erwerbsvermögen, das Produktionskapital, das ja auch primär wirtschaftlich allein ins Gewicht fällt. Bezüglich des zehrenden Luxusvermögens (Schlösser, Villen, Parks, Sammlungen usw.) ist die Voraussetzung, daß der Erbe es halten kann und will, bezeichnenderweise schon heute auch in Ländern mit liberaler Wirtschaftsverfassung mehr und mehr im Schwinden begriffen. Der Kranz von feudalen Schlössern, Villen und Parks, wie er etwa Genf umgibt, ist schon fast restlos auf dem Wege des Vermächtnisses oder des Kaufs in die öffentliche Hand gekommen (eine Entwicklung, die einmal mono-

Da diese wirtschaftliche Startgleichheit bei dem Einzelnen frühestens erst im Lebensalter der Mündigkeit einsetzen kann, so ist ihre Ergänzung durch die von uns geforderte Startgerechtigkeit der Erziehung und Ausbildung um so wichtiger.

Erst die entschiedene Bejahung des Ideals der Startgerechtigkeit wird uns das gute Gewissen gegenüber den Gerechtigkeitsforderungen des Sozialismus geben können, das bisher in so verhängnisvoller Weise fehlte und fehlen mußte. Nicht freie Marktwirtschaft als solche führt zu sozialer Armut und Verelendung als Massener-

---

graphischer Behandlung in soziologischer Analyse verdient). Im Grunde war ja auch repräsentativer Luxus nie eine rein private Angelegenheit gewesen, als die ihn nur das degenerierte 19. Jahrhundert mißverstand. Seine Ausübung war vielmehr für die Angehörigen der Oberschicht sozusagen Amtspflicht, eine Standespflicht, deren Vernachlässigung, etwa aus privatem Geiz, nach dem Kodex der Feudalethik als große Schande galt: nobless oblige. Legierung von repräsentativem Luxusbesitz an die öffentliche Hand bedeutet also gewissermaßen Wiederherstellung dieses seines ursprünglichen Sinnes unter Anpassung an veränderte Verhältnisse.

Im Übrigen liegt eine derartige Gestaltung des Erbrechts, die auch den Erben des Selfmade-Millionärs dazu zwingen würde, dem Beispiel seines Vaters folgend wirtschaftlich wieder von vorn anzufangen, im wohlverstandenen Eigeninteresse der davon betroffenen Familie selber. Deshalb haben ja auch schon amerikanische Millionäre freiwillig, und ausdrücklich im Interesse ihrer Sprößlinge, diesen Weg beschritten, nur aus der begreiflichen Weichheit des gutmütigen Vaterherzens, im allgemeinen nicht mit dem nötigen Radikalismus. Den würde künftig das Gesetz zur Verfügung stellen.

scheinung, auch nicht Marktwirtschaft mit Privateigentum, sondern nur Marktwirtschaft mit einer ganz bestimmten (und zwar feudaloiden) institutionellen Regelung des privaten Erbrechtes, eben derjenigen, die zur erblichen Startungleichheit führt.[37]

In dem Maße, in dem gerechte Gleichheit des Starts an die Stelle der ungerechten erblichen Ungleichheit tritt, und wirtschaftliche Vorteile nur im offenen Leistungswettbewerb zu erringen sind, werden sich die sozialen und wirtschaftlichen Maßstäbe von Beurteilung und Wertung, wird sich die Atmosphäre der Wirtschaft und das in ihr vorwaltende Lebensgefühl grundlegend ändern. Jeder ist dann seines Glückes Schmied. Jeder hat dann selbst die Wahl, ob er es vorzieht, mehr zu schlafen oder mehr zu essen, ob ihm gemächliche Bescheiden-

37 (59) Es war ein verhängnisvoller Irrtum, wenn die radikal-rationalistische Gesellschaftskritik des 18. Jahrhunderts, in Radikalisierung gewisser altchristlich-patristischer Gedankengänge, das Privateigentum als solches für die ökonomische und soziale Ungleichheit in der Gesellschaft verantwortlich machte: „La propriété, c'est le vol!", und wenn der Sozialismus diesen Irrtum übernahm und zur Grundlage seines Systems machte.

Übrigens vertrat bereits vor 200 Jahren Hutcheson, der Lehrer Adam Smiths, die Überzeugung, die meisten Nachteile des Privateigentums ließen sich beseitigen „by ... proper laws about education, testaments, and succesion". (Hasbach: Die allgemeinen philosophischen Grundlagen der von Francois Quesnay und Adam Smith begründeten politischen Ökonomie, Leipzig 1890, 79 2).

heit oder angestrengtes Vorwärtskommen erstrebenswerter scheint, ob er sich im Leben als Spaziergänger oder als Hochtourist betätigen will – was ja beides seine Vor- und Nachteile hat. Wenn bescheidenes Einkommen mit Gemächlichkeit, höheres Einkommen mit Anstrengung gekoppelt erscheint, so wird sich niemand mehr über das Ergebnis seiner eigenen Wahl zu beklagen haben; sozialer Neid wird keinen Ansatzpunkt mehr finden.[38] Natürlich wird es auch dann noch gelegentlich positive und negative Zufälle, Glück und Unglück geben, aber sie werden im Erwerbsleben keine größere Rolle spielen als etwa im Sport, wo sie ja auch nicht ganz auszuschalten sind, ohne daß man sich über sie beklagt, schon deshalb, weil auf die Dauer nur der Tüchtige Glück und nur der Untüchtige Unglück zu haben pflegt: fortem fortuna adjuvat. Und wie ja auch jeder Sportplatz seine Verbandstelle und sein Sanitätspersonal hat, so wird es im übrigen ja auch dann noch Sache der

---

38 (59a) Wenn nach Aufhebung des Bildungsmonopols leitende Stellungen auf allen Gebieten des Staats-, Gesellschafts-, und Wirtschaftslebens nur noch für die wirklich Tüchtigen bei entsprechender Begabung und Leistung zu erringen sind, so wird sich die menschliche Haltung bei Leitenden wie Geleiteten völlig ändern. Jene werden es nicht mehr nötig haben, Unfähigkeit und innere Unsicherheit durch herrische Arroganz und Überheblichkeit zu überdecken, diese werden in Betätigung ihres sense of workmanship (C. J. Friedrich) überlegene Leistungsfähigkeit in kameradschaftlicher Weise bereitwillig und neidlos anerkennen.

Allgemeinheit und ihrer Sozialpolitik sein, die Versicherung gegen die gewöhnlichen Wechselfälle des Lebens, so weit nötig, obligatorisch zu machen, und darüber hinaus in Fällen übermächtiger Not helfend einzugreifen.

Wenn man dem hier umrissenen Programm vorwerfen sollte, daß es utopisch sei, so ist es doch gewiß nicht utopischer, als es das Programm des Kommunismus vor hundert Jahren war. Jede Idee als Idee, jedes Programm als Programm, ist zunächst utopisch, erst allmählich kann es durch intensive Arbeit schrittweise der Wirklichkeit und ihrer Komplikationen angenähert werden. Trotzdem braucht man keineswegs zu warten, bis diese Arbeit geleistet ist, vielmehr gibt es eine ganze Reihe von Schritten in Richtung auf unser Ziel, die schon sofort getan werden können.

Wenn die Startgerechtigkeit auf dem Gebiet der Ausbildung streng durchgeführt würde, wenn man auch sonst überall dem Leistungsprinzip und dem gesunden Wettbewerb zum Siege verhülfe, wenn durch straffe Marktpolizei private Monopole und Monopoloide unmöglich gemacht und Kleinbetriebe auf allen geeigneten Gebieten gefördert, Großbetriebe und Großunternehmungen als sozial unerwünscht unter erschwerenden Bedingungen gestellt würden, wenn eine stark progressive Erbschaftssteuer nach englischem Muster die Massensteuern entlasten würde, wenn ohne Beeinträchtigung von

Selbstverantwortlichkeit und Selbsthilfe das die Kräfte des Einzelnen übersteigende Krisenrisiko unter Voranstellung des Versicherungsprinzips ausgeschaltet würde, und wenn zugleich die Familie und ihre Seßhaftigkeit jede denkbare Förderung erführe – dann könnte man vielleicht zunächst einmal die kombinierte und konvergierende Wirkung aller dieser Maßnahmen und des neuen Geistes, der sich in ihnen verkörpert, abwarten, und die rigorose gesetzliche Durchführung strenger wirtschaftlicher Startgleichheit mit allen ihren Schwierigkeiten noch so lange aufschieben, bis zunächst wenigstens in der Theorie eine befriedigende Lösung dieser Schwierigkeiten gefunden ist. Aber es ist wichtig, zu wissen und vor Augen zu haben, daß dies die radikale und theoretisch hundertprozentige Lösung wäre, daß sie prinzipiell möglich ist, und daß das jedenfalls der Punkt am Horizont ist, der angesteuert werden muß. Auf jeden Fall besitzt man dann gegenüber dem kommunistischen Ideal der Vollsozialisierung – das seinerseits ja auch leichter proklamiert als durchgeführt war und bis zu seiner ersten Durchführung gleichfalls geraume Zeit gebraucht hat – ein nicht weniger radikales Gegenideal.

Die erbliche Startungleichheit ist das wesentlichste institutionelle Strukturelement, durch das der Feudalismus in der Marktwirtschaftsgesellschaft fortlebt und sie zur Plutokratie, zur Reichtums-Herrschaft, macht. Die sehr verbreitete Gewissensverhärtung gegenüber dieser grundlegenden gesellschaftlichen Ungerechtigkeit ist ein wesentlicher unterbewußter Bestandteil der fortwirkenden feudalen Ideologie.[39] Es ist für jeden Einzelnen grundlegend wichtig, an diesem empfindlichen Punkte in sich

---

39 (60) Da wir seit Jahrtausenden unter der Herrschaft eines grundsätzlich unbeschränkten feudal-plutokratischen Erbrechts leben, so ist auch eine Verwachsung der traditionellen Struktur und Ideologie der Familie mit dieser Form des Erbrechts eingetreten.

Eine grundsätzliche Änderung des Erbrechts in der hier ins Auge gefaßten Richtung müßte also entsprechende Änderungen in Struktur und Ideologie der Familie zur Folge haben. Ich bin überzeugt, daß diese Änderungen auch für die Familie selbst überwiegend heilsam sein würden, daß sie sie von dem häufig erdrückenden Übergewicht materieller Besitzinteressen befreien würden, ohne ihr doch die unentbehrliche wirtschaftliche Grundlage zu nehmen, und daß sie die Lebendigkeit und Aktualität des Familiengefühls wesentlich steigern würden. Mir will scheinen, etwas frische Luft könnte unserer Familienatmosphäre nichts schaden. Und da der Kollektivismus die wirklichen Grundlagen der Familie selbst in Frage stellt, so stehen wir letzten Endes nur vor dem Risiko einer lebensrettenden Operation, vor der Wahl, ob wir die Existenz der Familie selbst gefährden, oder durch Verzicht auf gewisse traditionelle Ausprägungen der Familienform diese selbst retten wollen.

In diesem Gewissenskonflikt stellt sich unser Freund F. A. v. Hayek („Individualism: True and False", Finlay-Lecture 1945, Dublin 1946, p. 31, deutsch im I. Band des Jahrbuches ORDO, Seite 46) auf die Seite der traditionellen erbrechtlichen Familienform, was man an sich wohl verstehen kann. Wenn er aber zur Verteidigung

selber Sauberkeit zu schaffen. Die bisherige Entschuldigung, daß das dann ja aber zum Sozialismus und also zu einem noch größeren Übel führen würde, besteht jetzt, nach Aufweisung des dritten Weges, nicht mehr.

Das Klima der Marktwirtschaft

Wir kennen die freie Konkurrenz der Marktwirtschaft nur in derjenigen Form, in der sie sich

---

dieses seines Standpunktes das selbstgerechte Argument des alten Dunoyer benutzt, als beruhe das aus diesem Erbrecht resultierende „profiting by advantages which they have in no way earned" typischerweise auf einem „being born to parents who are more intelligent or more conscientious than the average", was ja übrigens, selbst wenn zutreffend, zwar ein Verdienst der braven Eltern, aber keines des vielleicht höchst nichtsnutzigen Erben wäre, so sollte doch Hayek so gut wie wir alle wissen, auf welche Weise sowohl die alten feudalen, als auch die modernen kapitalistischen Großvermögen in aller Regel entstanden sind. Wir wollen uns doch keine frommen Kindermärchen à la Christoph von Schmid vorerzählen. (Vgl. S. 144 f.)

Auch kann man doch wohl nicht sagen, wie Hayek es an der gleichen Stelle tut, daß „from the point of view of individualism there would not appear to exist even any justification for making all individuals start on the same level". Wir denken, eine solche Rechtfertigung, die übrigens auf der Hand liegt, gegeben zu haben. Aber allerdings liegt es uns fern, zu bestreiten, daß es auch Gegenargumente gibt. Jedenfalls sollte man an Punkten, wo die Diskussion an schwerwiegende Gruppeninteressen rührt, eine besondere sorgfältige Selbstkontrolle und eine besondere nachdrückliche Selbstbeherrschung üben.

im 19. Jahrhundert verwirklicht hatte, die zwar rein wirtschaftlich außerordentlich erfolgreich war, um so unsympathischer und unliebenswürdiger aber in ihrer menschlichen Haltung.

„Sieht man genauer zu, so besteht der tiefste Grund der großen Erfolge, die mit der freien Marktwirtschaft verbunden waren, in der ganz außerordentlichen Rücksichtslosigkeit dieser Wirtschafsform; in ihrer großartigen, vorher selten dagewesenen und nicht leicht wiederkehrenden Unbekümmertheit, mit der sie alles, was nicht wirtschaftskräftig war, niedertrat, und es ohne Erbarmen umkommen ließ; in der robusten Selbstverständlichkeit – man möchte es fast Taktlosigkeit nennen –, mit der sie den Wirtschaftskräftigen an die Oberfläche trug. Das 19. Jahrhundert mit seiner freien Wirtschaft wird sich, wie ich vermute, auf ewige Zeiten unter den Wirtschaftsepochen durch diese seine naturhafte Rücksichtslosigkeit von allen anderen Wirtschaftsepochen abheben. Dieses Jahrhundert wird seine eigene, keinem anderen Jahrhundert eigentümliche Berühmtheit bekommen, nicht so sehr wegen seiner großen technischen und wirtschaftlichen Erfolge, sondern vielmehr deshalb, weil die Wirtschaft dieses Jahrhunderts mehr als jede andere der Natur selbst verwandt war. Genau so, wie die Natur im Wettkampf der Individuen und Arten das Tüchtige sich ungehemmt entwickeln und das Untüchtige mitleidlos sterben läßt; mit den gleichen Mitteln der Organisation arbeitete das 19. Jahrhundert. Es kann gar nicht anders sein, als daß das 19. Jahrhundert späteren Generationen einmal ein großartiges Schauspiel bieten muß".[40]

Der wirtschaftliche Wettbewerb, die Konkurrenz, kann in sehr verschiedenen Einstellungen und Gesinnungen geführt werden, und welche dieser Gesinnungen sich durchsetzt, hängt wesentlich ab:

1. von der Abgrenzung des Marktbereichs
2. von der Gestaltung des Marktrandes und von dessen Integrationskräften.

Die wünschenswerte und sachangemessene Wettbewerbsgesinnung ist die des fairen Sportes. Sie setzt voraus die Einschränkung des Marktbereichs auf Leistungskonkurrenz (d. h. die strenge Ausschließung jeder Behinderungs-

40 (61) So äußert sich Eugen Schmalenbach, der weitaus bedeutendste unter den deutschen Betriebswirtschaftlern, über die strukturelle Bedingtheit „der ungeheuren technischen und wirtschaftlichen Fortschritte, die das System der freien Wirtschaft, von dem das 19. Jahrhundert beherrscht wurde, gebracht hat": „Die Betriebswirtschaftslehre an der Schwelle er neuen Wirtschaftsverfassung", Vortrag Wien 1928, Zeitschrift für Handelswissenschaftliche Forschung, Leipzig 1928, Bd. 22, S. 241/42. Über den Beitrag puritanischer Askese zu dieser Mentalität des 19. Jahrhunderts vergleiche meine Arbeiten: „Die Konfession in der Wirtschaftsgeschichte", Revue de la Faculté des Sciences Economiques de l'Université d'Istanbul, 1942, vol. III, p. 362–389, und „Der moderne Pflicht- und Arbeitsmensch, Herkunft und Zukunft", ebenda 1944, vol. V, p.107–136.

und Vernichtungskonkurrenz) und eine kameradschaftliche, gemeinschaftsnahe Gestaltung des Randes.

Keine dieser Bedingungen war im 19. Jahrhundert erfüllt. Der Rand, der außenwirtschaftliche Lebensbereich, war weithin von den zersetzenden Kräften der Atomisierung und Vermassung beherrscht, und die manchesterliche Freigabe auch er schädlichen und gehässigen Formen der Konkurrenz ließ die wirtschaftliche Vernichtung oder Unterjochung des Konkurrenten und die Aufrichtung einer eigenen monopolistischen Herrschaftsstellung von Anfang an als das eigentliche Ziel wirtschaftlicher Betätigung erscheinen. Dadurch artete das Wirtschaftsleben des 19. Jahrhunderts vielfach in einen Kampf Aller gegen Alle aus und verwirklichte so zum ersten Mal jene finstere Vorstellung des bellum omnium contra omnes, die Hobbes im 17. Jahrhundert der Urzeit angedichtet hatte. Darwins Vorstellung vom struggle for live mit dem Ziel des survival of the fittest war dann nichts anderes, als eine Projektion dieser Wirtschafts- und Sozialstruktur des 19. Jahrhunderts von der Menschen- auf die Tierwelt: lupus lupo homo – was in Wirklichkeit bekanntlich keineswegs zutrifft.

Die barbarische Brutalität, die die Signatur der Konkurrenz des späten 19. Jahrhunderts bildete, erreichte ihren Höhepunkt in der Degeneration dieser Konkurrenz zu Pluralismus,

Monopolismus, Subventionismus, Protektionismus. Gerade dieser Übergang der Krankheit in das akute Stadium schärft uns aber den Blick dafür, wie sehr sie auch schon vorher latent vorhanden war, und wie sehr sie von Anfang an bedingt war durch das Fehlen jeder öffentlich-sozialen Eingrenzung und marktpolizeilichen Überwachung durch eine starke und unabhängige Staatsgewalt. Sind diese im 19. Jahrhundert fehlenden Voraussetzungen erfüllt, so wird der von uns erstrebte vollständige Wettbewerb des Dritten Weges ein wesentlich anders Bild bieten und von einer wesentlich anderen menschlichen Atmosphäre getragen sein. Sie wird sich sehr weit vielmehr jenem menschenfreundlichen Charakter nähern, den der Optimismus des harmoniefreudigen 18. Jahrhunderts ursprünglich von der Durchführung der Wirtschaftsfreiheit erwartet hatte.

Rang der Wirtschaft

Das Gewicht, das wir der Wirtschaft beimessen, beruht nicht etwa darauf, daß wir sie mit dem 19. Jahrhundert für das wichtigste und zentralste aller Lebensgebiete hielten. Die Überwindung dieses abergläubischen ökonomozentrischen Materialismus scheint uns vielmehr eine der wichtigsten Vorbedingungen, um wieder zu einer gesunden und menschlichen Rangordnung der Werte und damit auch zu einer gesunden Einordnung und Ordnung der Wirtschaft selber zu kommen. Wir beginnen deshalb mit der Wirtschaft, weil sie der unterste aller Lebensbereiche ist, derjenige, dessen Aufgabe es ist, allen anderen sich unterzuordnen und zu dienen, und um von da aus zur Gestaltung des Lebens überhaupt in Gesellschaft, Staat und Menschheit aufzusteigen.

An eine wesentlich höhere Stelle der Wertskala kommt die Wirtschaft abnormaler- und krankhafterweise nur dann zu stehen, wenn sie vorübergehend nicht in der Lage ist oder daran verhindert wird, ihre Funktion zu erfüllen und den Menschen auch nur das Existenzminimum zu liefern – wie es das deutsche Volk 1945/48 erfahren hat. Aber das ist ein Zustand, der dann zunächst einmal mit allen Mitteln beseitigt werden muß, ehe man weiterdenken und weiterreden kann.

Berechtigte Planmäßigkeitsforderungen außerhalb der Wirtschaft

Der Gegensatz der erfolgreichen Planmäßigkeit der Technik gegenüber der beschämenden Planlosigkeit aller anderen Lebensgebiete war nicht erst von den amerikanischen Technokraten empfunden worden, sondern bereits im 19. Jahrhundert in dem Maße, in dem die unbewußte Selbstverständlichkeit der Tradition auf allen diesen Gebieten fragwürdig geworden und die Reste dieser Traditionen selber degeneriert und verkalkt waren. Unter solchen Umständen ergibt sich tatsächlich die Notwendigkeit, die Dinge, deren bisheriger selbsttätiger Ablauf nicht mehr befriedigt, einer planmäßigen Untersuchung und Regelung zu unterziehen, eine Forderung, die wir im folgenden selbst immer wieder zu stellen haben werden.

In allen diesen Fällen handelt es sich darum, Dinge, die man bisher mehr oder weniger sich selbst überließ, durch Erkenntnis ihrer Struktur beherrschen und planmäßig in den Dienst unserer Ziele stellen zu lernen. Die meisten dieser Fragen sind an Rang und Bedeutung denen der Wirtschaft weit überlegen. Es ist aber bezeichnend für den Wirtschaftsmaterialismus unserer Zeit, daß ihr die „in der Luft liegende" und berechtigte Forderung der Planmäßigkeit, die in Wahrheit viel höher und viel weiter zielt, immer nur unter der Form der Forderung nach Planwirtschaft zu Bewußtsein kommt.

Das hat nun insofern geradezu etwas Tragikomisches, als von sämtlichen Lebensgebieten ausgerechnet gerade die Wirtschaft das einzige ist, wo es sehr ernsthafte Argumente für einen – bewußten und planmäßigen – Verzicht auf durchgehende Planung (im engeren Sinne) gibt, während allerdings auf anderen Gebieten – einschließlich dem der Wirtschaftspolitik – die bisherige mehr oder weniger große Planlosigkeit auf die Dauer völlig unvertretbar und unentschuldbar ist.

Das Marktwirtschaftspatent[1]

Zu den genialsten Leistungen der Aufklärung gehört die Entdeckung des unsichtbaren Automatismus der Marktwirtschaft. Dieser Automatismus bietet den ungeheuren Vorteil, daß, wenn man unter bestimmten Bedingungen die Wirtschaft seinem Spiel überläßt, der egoistische Vorteil jedes einzelnen zusammenfällt mit dem Gesamtinteresse aller. Während bei allen anderen wirtschaftspolitischen Versuchsanordnungen die Gegensätzlichkeit zwischen Eigennutz und Gemeinnutz bestehen bleibt, und der Eigennutz durch Ermahnungen und Verbote, Prämien und Strafen, Vorschriften und Kontrollen erst dem Gemeinnutz untergeordnet werden

1 Unter „Marktwirtschaft" wird hier eine Wirtschaftsordnung mit vorwiegend verkehrswirtschaftlichem Charakter, unter „Planwirtschaft" eine Wirtschaftsordnung mit vorwiegend zentralverwaltungswirtschaftlichem Charakter verstanden.

muß, was unvermeidlich zu starken inneren Reibungen, Hemmungen und Kraftverlusten führt. Danach kann man sich vorstellen, wie sehr die ohne solche Bremsen arbeitende Marktwirtschaft, solange sie konstruktionsgemäß funktioniert, an Wirkungsgrad allen anderen Wirtschaftsformen überlegen sein muß. Wohl gibt es Menschen, die im Konfliktfalle wirklich Gemeinnutz vor Eigennutz stellen. Jedoch wird das stets nur ein mehr oder weniger kleiner Bruchteil sein. An der Wirtschaft aber sind alle beteiligt. Stellt man sie also auf eine Einstellung, die nur bei ganz wenigen als mit Bestimmtheit vorhanden vorausgesetzt werden kann, während allen übrigen ein solcher Einstellung entsprechendes Verhalten von außen aufgenötigt werden muß, so wird eben der Nutzeffekt dementsprechend gering sein, und die Häufigkeit des geheimen Zuwiderhandelns oder der nur augendienstmäßigen Erfüllung verkündeter Pflichten wird zudem demoralisierend und zersetzend wirken.

Schaltet man dagegen auf dem Gebiet der Wirtschaft Gemeinnutz und Eigennutz parallel, so kann man mit der größten überhaupt erreichbaren Sicherheit auf die allgemeine und regelmäßige Befolgung dieser Ordnung rechnen, und zwar auch da, wo jede Kontrollmöglichkeit fehlt. Denn eben der Eigennutz, der im anderen Falle mühsam und mit sehr problematischem Erfolg bekämpft werden muß, läuft ja hier gerade vor dem eigenen Wagen, und zwar sehr glücklich zusammengespannt mit Aktivität, Leistungsfreude und Leistungsstolz.

Dabei braucht man keineswegs zu befürchten, daß für die Betätigung von Pflichttreue und Opferbereitschaft, sowohl außerhalb der Marktwirtschaft als auch an ihren Rändern, nicht Gelegenheit noch mehr als genug bliebe. Aber die Spontanität dieser Tugenden wird nicht, wie im anderen Fall, überbürdet.

Allerdings findet dieses Zusammenfallen der Kraftlinien von Eigennutz und Gemeinnutz nur in einem bestimmten, genau abgrenzbaren Teilbereich des Feldes statt. Will man damit arbeiten, so ist demnach erste Bedingung, sicherzustellen, daß sich das Wirtschaftsleben streng innerhalb der Grenzen dieses Teilbereichs hält. Diese Sicherstellung ist Aufgabe der staatlichen Marktpolizei, eine für Gesetzgebung und Verwaltung gleich verantwortungsvolle und wichtige Aufgabe, die hohe Anforderungen an die Kraft, Unabhängigkeit, Einsicht und Wachsamkeit des Staates und seiner Organe stellt.

Alle diese notwendigen Voraussetzungen marktpolizeilicher Natur gerieten aber im Laufe des 19. Jahrhunderts mehr und mehr in Vergessenheit: Schon die liberale Theorie des 18. Jahrhunderts hatte, in deistischer Theologie befangen[2] und ihrer polemischen Einstellung gegenüber dem Staat entsprechend, die positive Herausarbeitung der staatlichen Randbedingungen der Marktwirtschaft vernachlässigt. Daraus ergab sich eine Degeneration der Marktwirtschaft im Laufe des 19. und 20. Jahrhunderts, ins-

2 Den Nachweis dieser theologischen Befangenheit des Liberalismus habe ich geführt in meiner Arbeit: Das Versagen des Wirtschaftsliberalismus als religionsgeschichtliches Problem (Istanbuler Arbeiten Nr. 12), Istanbul 1945; 2. (Titel-) Auflage, Godesberg 1950. [3. Auflage, Frank P. Maier-Rigaud/Gerhard Maier-Rigaud (Hrsg.): Alexander Rüstow: Das Versagen des Wirtschaftsliberalismus – Das neoliberale Projekt, Marburg 2001.]

besondere ein Überwuchern marktwirtschaftsfremder und -feindlicher herrschaftlich-monopolistischer Tendenzen. Die unausbleiblichen schlimmen Folgen wurden von laienhaften Beurteilern (denen aber die Volksbildungspsychose Mut gemacht hatte) der Marktwirtschaft als solcher, nicht ihrer Störung und Entartung zugeschrieben, wobei allerdings zu bedenken ist, daß die „unsichtbare Harmonie“ der Marktwirtschaft, wie gesagt, nur innerhalb ganz bestimmter Grenzen sich verwirklicht und daß diese Grenzen, vom Staate nicht nach Gebühr beachtet und bewacht, durch die wirkliche Entwicklung der Wirtschaft seit Ende des 19. Jahrhunderts mehr und mehr überschritten worden waren. Wer diese Wirtschaft des „Monopolkapitalismus“ für chaotisch erklärte, der hatte in mehr oder minder hohem Grade recht. Der hoffungslos verhedderte Stand der Diskussion war schließlich der, daß die Vertreter der theoretischen Nationalökonomie klassischer Tradition den wirtschaftspolitisch dilettierenden Laien mit Recht und mit begreiflichem Unmut ihre auf einfacher Ignoranz beruhende Blindheit für die unbewußte und ungewollte, deshalb dem theoretisch unbewaffneten Auge unsichtbare, Wohlordnung der reinen Konkurrenzwirtschaft vorwarfen, selbst aber oft nicht sahen, in welchem Grade sich die Entwicklung der wirklichen Wirtschaft von dem Bereich des vollständigen Wettbewerbs und seines Kosmos entfernt und dem Chaos einer pluralistischen Beutewirtschaft genähert hatte.[3]

3 Mit vollstem Recht müssen wir deshalb dringen auf die scharfe Unterscheidung zwischen der wirklich freien Marktwirtschaft des vollständigen Wettbewerbs, wie sie

Infolge der so bedingten laienhaften Fehldiagnose führten, besonders nach der ungeheuren endoge-

idealtypisch der liberalen Theorie entspricht, und [ihrer subventionistisch-monopolistisch-pluralistischen Entartung, wie sie sich im 19. und 20. Jahrhundert herausbildete und eine schwere pathologische Degenerationsform, ja in vielem und wesentlichem geradezu das Gegenteil der echten Konkurrenzwirtschaft darstelle]. Aber gerade deshalb brauchen wir doch dringend auch einen eigenen unterscheidenden Terminus für diese historische Erscheinungs- und Entartungsform, und warum dann also nicht den seit langem international eingebürgerten Terminus „Kapitalismus"?

Diesen Gedanken hatte ich schon mehrfach vertreten („Zu den Grundlagen der Wirtschaftswissenschaft", in: Revue de la Faculté des Sciences Économiques de l'Université d'Istanbul 1941, vol. II, p. 124, und: „Sombarts ‚Kapitalismus' und das Arbeitsziel der Historischen Schule", ebenda 1942, vol. III, p. 78–92) [Abgedruckt in Brocke, Bernhard vom (Hrsg.): Sombart „Moderner Kapitalismus". Materialien zur Kritik und Rezeption, München 1987, S. 378–393.], zuletzt und am ausführlichsten in der in der vorigen Fußnote genannten Arbeit, Seite 73–78. Dabei bin ich völlig einverstanden mit dem, was Walter Eucken in seinen Grundlagen der Nationalökonomie, 5. Auflage, Godesberg 1947, Seite 98–109, [9. Auflage, Berlin 1989] gegen den landläufigen Mißbrauch des Kapitalismus-Begriffes geltend macht, insbesondere auch gegen seine begriffsrealistische Hypostasierung und deren verhängnisvolle Folgen, und für die Notwendigkeit einer universalgeschichtlichen Behandlung, um die ich mich selber in mehreren Arbeiten bemüht habe. Aber wenn man jeden mißbrauchten Begriff aufgeben wollte, so würde das, besonders gerade heute, zu einer unerträglichen Sprachverarmung führen, und vor allem halte ich es gerade in unserem Falle für ausgeschlossen, daß man sich mit einer solchen Abstinenz gegenüber lebendigsten internationalem Sprachgebrauch durchsetzen könnte. Deshalb scheint es mir psychotaktisch richtiger und aussichtsvoller, den Begriff beizubehalten und nur auf seiner korrekten Abgrenzung und Anwendung zu bestehen. Am zweckmäßigsten würde es mir scheinen, diejenige Wirtschaftsstruktur „kanen Gleichgewichtsstörung durch den Ersten Weltkrieg und seine Folgen, gehäufte Interessenteneingriffe pluralistischer oder totalitärer Regierungen zu einer immer schlimmeren Zerrüttung der Volkswirtschaften wie ihres weltwirtschaftlichen Zusammenhangs, die sich durch den Zweiten Weltkrieg neben seinen Vorbereitungen und Folgen noch weiter steigerten.

Krisentheorie und Krisentheoretiker

Die Krisentheorie, wie sie sich im Zusammenhang mit der allgemeinen Theorie der Marktwirtschaft in den letzten 100 Jahren entwickelt hat, untersucht den Konjunkturzyklus im allgemeinen als ein marktwirtschaftlicher Dynamik endogenes, auf ihren Strukturgesetzen beruhendes Phänomen. Kein Zweifel, daß es einen solchen der Marktwirtschaft endogenen Konjunkturzyklus gibt, wie denn ja unserer Überzeugung nach die milden Krisen der letzten Vorkriegszeit vor 1914 überwiegend diesen Typus darstellten.

Da jedoch die Krisentheorie, trotz aller Fortschritte, noch weit davon entfernt ist, ihre Ergebnisse im ganzen quantifizieren zu können, so läßt sich bisher mit theoretischer Strenge noch nichts darüber ausmachen, welches das relative und absolute Gewicht rein endogener Krisenphänomene sein würde. Man ist für die Entscheidung dieser Frage noch weitgehend auf empirische Beobachtung und ihre mehr soziologische und morphologische als rein nationalökonomische Auswertung angewiesen.

Gegenüber dem schweren Seegang der Nachkriegskrisen glichen die Krisen der letzten Friedensjahrzehnte vor 1914 eher einem leichten Wellengekräusel auf glattem Wasserspiegel. Es ist die Frage, welcher dieser beiden Krisentypen dem theoretisch reinen Fall des von exogenen Störungen freien Marktwirtschaftszyklus nähersteht. Da die Vorkriegswirtschaft von schweren exogenen Eingriffen noch nahezu frei war, die Nachkriegswirtschaft aber durch Krieg, Nachkrieg und massenhafte Interventionen, oft der unsinnigsten Art, unter einem ununterbrochenen Trommelfeuer schwerster exogener Störungen stand, so muß morphologische („ganzheitliche“) Betrachtung zu der Überzeugung führen, daß die exorbitante Schwere der Nachkriegskrisen im wesentlichen eine Folge der Schwere dieser exogenen Störungen ist.[4]

---

pitalistisch“ zu nennen, für die das Auftreten zweier komplementärer Gruppen von Wirtschaftssubjekten charakteristisch ist: der „Kapitalisten“ auf der einen Seite, für welche das Kapitaleigentum an Produktionsmitteln die wesentliche Einkommensquelle bildet, und der „Proletarier“ auf der anderen Seite, die, juristisch frei, aber nicht im Besitz ihrer Produktionsmittel, ihre Arbeit auf dem „Arbeitsmarkt“ gegen Lohn den Kapitalisten verkaufen müssen.

Diese für die abendländische Neuzeit charakteristische Wirtschaftsstruktur macht drei bzw. vier große Entwicklungsstadien durch:

1. den merkantilistischen Frühkapitalismus,
2. den manchesterlichen Hochkapitalismus des laissez faire, etwa bis 1878/79,
3. den protektionistisch-subventionistisch-monopolistischen Spätkapitalismus von 1879 bis 1914,
4. eine Periode der Mischung zwischen Spätkapitalismus und Kollektivismus, in der wir uns noch befinden.

4 Für die deutsche Wirtschaft hat der Verfasser diesen Nach-

Die meisten hauptberuflichen Krisentheoretiker neigen jedoch der entgegengesetzten Auffassung zu, und das läßt sich psychologisch und perspektivistisch sehr wohl verstehen.

Jedem Menschen liegt es nahe, das, was ihn umgibt und ihm vor Augen liegt, das „Gegebene“ also, für das Eigentliche und Normale zu halten. Die gegenteilige Einstellung widerstreitet der natürlichen Perspektive und erfordert besondere und anstrengende Umadaptionen.

Jedem Menschen liegt es gleichfalls nahe, den eigentlichen Gegenstand seiner Lebensarbeit, so lange er die Wahl hat, lieber für gewichtig und praktisch bedeutend, als für relativ unbedeutend und praktisch gleichgültig zu halten. Wo ihm dieser Gegenstand also in einer äußerst gewichtigen Form praktisch entgegentritt, da wird er nicht leicht dazu kommen, diese gegebene Gewichtigkeit, die ihm und seiner Arbeit Bedeutung, Ansehen und Einfluß verleiht, für etwas bloß Zufälliges, Abnormales und Regelwidriges zu halten.

Die Krisentheorie, als spezieller Teil der Markttheorie, hat ex professo mit den endogenen marktmechanischen Zusammenhängen des Konjunkturzyklus zu tun. Jedem Gelehrten liegt es nahe, die Phänomene, die ihm in seinem Beobachtungsfeld entgegentreten, als Erklärungsgründe solange zu bevorzugen, als ihn seine Forschungsergebnisse

---

weis eingehender und am statistischen Material geführt in seinem Beitrag zu der von M. Saitzew geleiteten Untersuchungsreihe des Vereins für Sozialpolitik: „Die Arbeitslosigkeit in der deutschen Maschinenindustrie 1929–1932“, Bd. 185/III, München 1932, S. 1–119.[Nachdruck, Vaduz 1994.]

nicht geradezu dazu zwingen, auf Ursachen zu rekurrieren, die abgeblendet im Halbschatten oder Schatten außerhalb des Lichtkegels seines engeren Arbeitsbereichs liegen, und für die er nicht eigentlich zuständig ist.

Die Krisentheorie hat nach Entstehung, Entwicklung und bis zu gewissem Grade auch noch nach ihrer heutigen Vertretung, nahe Beziehungen zum Sozialismus. Es ist klar, daß die grundsätzlichen Gegner der „kapitalistischen" Wirtschaft den schärfsten Blick für ihre Schäden und Krankheiten haben mußten. Für den Sozialisten aber ist möglichste Schwere und möglichste Unentrinnbarkeit der Krise Herzensangelegenheit, denn dadurch soll sich ja der Untergang des Bösen und der Sieg des Guten vollziehen. Und was man wünscht, das glaubt man gern.

Die sozialistische Krisentheorie war entstanden angesichts der außergewöhnlichen Schwere der strukturellen Übergangskrisen am Beginn des sogenannten „Hochkapitalismus" (übrigens auch damals nicht ohne den exogenen Einfluß des napoleonischen Weltkrieges und der Kontinentalsperre). Seit der Mitte des 19. Jahrhunderts hatte sie dann aus der wirtschaftlichen Wirklichkeit nicht mehr viel Honig saugen können. Aber gerade die Schwere der Nachkriegskrisen zwischen den Weltkriegen entsprach endlich wieder genau dem, was sie immer prophezeit und herbeigewünscht hatte. (Ganz allgemein wird ja, je länger man mit einer Prophezeiung durchhält, desto größer die Chance, wieder einmal recht zu behalten.)

Nach heute weitverbreiteter sozialistischer Lehre ist es die staatlich geleitete Planwirtschaft, der 100%-ige Interventionismus, der die zum Untergang verurteilte Marktwirtschaft ablösen soll. Alle interventionistischen Ansätze sind infolgedessen hoffnungsvolle Vorboten einer besseren Zukunft, und es fällt bei solcher Einstellung naturgemäß schwer, in ihnen die eigentlichen Ursachen des Übels zu erkennen. Niemand kann über seinen Schatten springen.

Nun bestreitet zwar kein ernst zu nehmender Wirtschaftswissenschaftler, daß die Nachkriegsinterventionen mancherlei Unheil angerichtet haben. Aber er ist meist geneigt, solche unbestreitbaren Schäden für bloße Kinderkrankheiten der Planwirtschaft zu halten und sie mit pädagogischem Wohlwollen und Optimismus zu betrachten, nach dem (freilich mephistophelischen) Spruch: „Wenn sich der Most noch so absurd gebärdet, es wird doch endlich noch e' Wein".

Der Konjunkturtheoretiker als der Fachmann für Wirtschaftskrisen fühlt sich, angesichts der ungeheuren und verhängnisvollen praktischen Bedeutung, die heute diese seine Untersuchungsobjekte gewonnen haben, menschenfreundlicherweise verpflichtet, sich auch als Therapeut nützlich zu machen, und, da doch offensichtlich etwas gegen die Krise getan werden muß, der wirtschaftspolitischen Praxis entsprechende Rezepte zu verschreiben. Diese Rezepte sind natürlich interventionistisch. Und so muß es ihm denkbar fern liegen, die Heilmittel seiner wundertätigen Apotheke für die wahren Ursachen der Verschlimmerung der Krankheit zu halten.

Alles das macht es vollkommen verständlich, daß es gerade dem berufsmäßigen Krisentheoretiker im allgemeinen besonders schwerfallen muß, die hier vertretene Auffassung der Nachkriegskrisen anzuerkennen.

Endogene und exogene Störungen

Die Fähigkeit zur Selbstheilung endogener Störungen scheint der Marktmechanismus in praktisch unbegrenztem Maße zu besitzen.

Dagegen hat seine Fähigkeit zur selbsttätigen Überwindung exogener Störungen eine obere Grenze, die wesentlich tiefer liegt, als es Adam Smith selbst und viele seiner Anhänger anzunehmen geneigt waren. Daß es eine solche Grenze geben muß, folgt ja schon daraus, daß die Marktwirtschaft für ihre Funktionsfähigkeit bestimmter marktpolizeilicher Randbedingungen bedarf. Dabei ist allerdings zu unterscheiden, ob diese obere Grenze gegebenenfalls darin besteht, daß der Mechanismus als solcher nicht mehr imstande ist, sich nach einer Störung wieder ins Gleichgewicht zu setzen, oder ob eine solche Wiedergewinnung des Gleichgewichts zwar auch selbsttätig zustande kommen, aber dem Marktrande so starke Belastungen zumuten würde, daß er nicht fähig oder willig ist, diese Belastungen auf sich zu nehmen, oder daß man ihm jedenfalls diese Fähigkeit oder Willigkeit nicht zutraut.

Worauf aber auch die obere Grenze beruhen möge, auf jeden Fall ergibt sich aus ihrem Bestehen das Problem, welche exogenen Hilfsmaßnahmen die Bedingung erfüllen,

1. die betreffende Störung tatsächlich wirksam zu überwinden und

2. die automatische Funktionsfähigkeit des Marktmechanismus wiederherzustellen und nicht etwa kumulativ zu untergraben.

Diejenigen exogenen Hilfsmaßnahmen, die in den beiden Jahrzehnten zwischen den Weltkriegen und in den Jahren seit dem Ende des zweiten in so überreicher Fülle über die exogen gestörten Wirtschaften hereingebrochen sind, haben teilweise schon ihren ersten und unmittelbarsten Zweck nicht oder nur sehr schlecht erfüllt. Aber auch diejenigen von ihnen, die dieser ersten und selbstverständlichen Bedingung mehr oder weniger genügten, legen den Verdacht nahe, daß ihnen dies nur auf Kosten einer kumulativen Zerrüttung und Lähmung des Marktmechanismus als solchen gelungen ist. So insbesondere kurzfristige Sanierung eines engeren Bereiches auf Kosten langfristiger Zerrüttung eines weiteren. Auf jeden Fall ist das der entscheidende Maßstab, der ganz systematisch und mit aller Strenge angelegt werden muß.

Marktwirtschaft oder Planwirtschaft?

Worüber wir uns grundsätzlich klar und schlüssig werden müssen, das ist, ob wir das Marktwirtschaftspatent – das seit Adam Smith von der theoretischen Nationalökonomie gehalten und mit einer Fülle von Zusatzpatenten kostenlos in Lizenz gegeben wird – wegen des außerordentlichen Produktivitätsvorteils seines Schaltungsprinzips anwenden wollen oder nicht.

Die Entscheidung dieser grundlegenden Vorfrage ist wesentlich von soziologischen Strukturproblemen abhängig, deren Bearbeitung ernstlich in Angriff genommen werden muß, insbesondere von der Frage, welche strukturellen Rückwirkungen eine systemgemäß funktionierende Marktwirtschaft auf den Integrationszustand ihrer Träger hat, bzw. mit welchen Integrationsstrukturen, und daher auch mit welchen Staatsformen, sie vereinbar ist.

Daß sich unter den soziologischen Rückwirkungen der Marktwirtschaft auch ungünstige befinden werden, steht dabei natürlich von vornherein außer Zweifel. Diese ungünstigen Wirkungen sind seit mehr als 100 Jahren, insbesondere aber seit Sismondi, durch die Kritik einerseits der Romantik, andererseits des Sozialismus, in hellstes Licht gestellt und dabei nicht selten auch, teils in sentimentaler, teils in gehässiger Weise, stark übertrieben worden. Vor allem aber hat man den finster-brutalen Geist des 19. und 20. Jahrhunderts, den das manchesterliche Laissez-faire in der Wirtschaft sich fessellos austoben ließ, für den Charakter der Konkurrenz als solcher gehalten,[5] während in Wahrheit die faire Leistungskonkurrenz des vollständigen Wettbewerbs, wie sie die Entdecker des Marktmechanismus im Auge hatten, der menschenfreundlich-optimistischen Atmosphäre des 18. Jahrhunderts sehr viel näher steht, wie wir noch sehen werden [siehe oben S. 94–98, „Das Klima der Marktwirtschaft"].

Aber weder hat man ernstlich die Frage gestellt, wieweit es sich dabei um Systemnotwendigkeiten handelt oder aber um Erscheinungen, die entweder von außen her als Störung in das System hineinge-

5 Verfasser fühlt sich hierin selbst nicht frei von Schuld.

tragen worden sind oder die sich doch im Rahmen des Systems selber vermeiden oder mildern lassen. Noch hat man, wie das gerechter- und vernünftigerweise notwendig gewesen wäre, diese ungünstigen Wirkungen der Marktwirtschaft abgewogen gegen die vielleicht an anderen Stellen liegenden ungünstigen Wirkungen der sonst zur Wahl stehenden Wirtschaftssysteme, also insbesondere der Planwirtschaft.

Wenn in der Planwirtschaft gegenüber der Marktwirtschaft an Stelle des objektiven Wirtschaftserfolgs als entscheidendes Kriterium das Urteil des Vorgesetzten oder vielmehr der ganzen Kette von Vorgesetzten, tritt, und (nach einer geistreichen Formulierung von Wilhelm Röpke) an die Stelle des Gerichtsvollziehers der Scharfrichter, so dürften das Strukturverhältnisse sein, die nicht nur wirtschaftlich, sondern auch und gerade menschlich, nicht eben zugunsten der Planwirtschaft ins Gewicht fallen werden.

Dagegen besteht ein zweifelloser und gewichtiger Vorsprung der Planwirtschaft darin, daß ihr Prinzip sich auch dem blutigsten Laien – und ihm besonders – binnen zehn Minuten mit Begeisterung klarmachen läßt, während zum Verständnis des unsichtbaren und komplizierten Mechanismus der Marktwirtschaft nicht einmal immer ein abgeschlossenes wirtschaftswissenschaftliches Studium auszureichen scheint.

Bei der Abwägung zwischen Marktwirtschaft und Planwirtschaft darf man auch nicht, wie bisher regelmäßig, den Fehler begehen, stillschweigend vorauszusetzen, daß eine staatliche Planwirtschaft das gleiche Ziel höchster Produktivität in der Dekkung der durch die Wirtschaft zu befriedigenden Bedürfnisse verfolgen würde wie die Marktwirtschaft, nur in anderer Form und mit anderen Mitteln. In Wahrheit aber lassen sich in der Wirklichkeit Wirtschaftsziele und Wirtschaftsformen nicht wie auf dem Papier beliebig miteinander koppeln, sondern es gibt da zwangsläufig gegenseitige Zuordnungen, die man bisher meist übersehen zu haben scheint. Die Frage dieser gegenseitigen Zuordnung zwischen Staats- und Sozialstruktur einerseits und Wirtschaftsstruktur andererseits ist eines der wichtigsten Problemgebiete, das eine produktive Zusammenarbeit zwischen Wirtschaftswissenschaft und Soziologie erfordert.[6]

Es ist übrigens unschwer abzusehen, daß sich aus einer solchen Untersuchung die soziologische Unvereinbarkeit zwischen Demokratie und Planwirtschaft ergeben würde, und also der utopische Charakter aller noch so scharfsinnigen wirtschaftstheoretischen Konstruktionen in dieser Richtung.

Grundsätzlich ist zu sagen, daß die Verwirklichung jeder Wirtschaftsordnung ja nur auf politisch-soziologischem Wege möglich ist, und daß es daher, um mit gutem Gewissen eine bestimmte Wirtschaftsordnung politisch propagieren zu kön-

6 Vgl. die allgemeine und überzeugende Begründung, die diese Forderung erfahren hat in der Schrift meines Freundes Adolf Löwe: Economics and Sociology, a Plea for Co-Operation in the Social Sciences, London 1933. Ferner eine 1939 für die Rockefeller-Foundation verfaßte Denkschrift: „A Note on the Urgent Necessity of Re-Orientation in Social Science", die jetzt die „Introduction" bildet zu Wilhelm

nen, ganz und gar nicht genügt, sie wirtschaftstheoretisch untersucht und als logisch in sich möglich nachgewiesen zu haben. Es muß vielmehr stets erst noch geprüft werden, ob bzw. unter welchen Voraussetzungen und mit welchen Folgen, ihre Durchführung politisch und soziologisch möglich ist. Gegen diese elementare Forderung ist immer wieder aufs schwerste verstoßen worden.

Eine der ökonomisch-soziologischen Zuordnungen, die sich bei einer solchen Prüfung ergeben, ist die, daß jede totalitäre Staatswirtschaft mit sozialpsychologischer Notwendigkeit nicht nur Ziele eines expansiven Imperialismus nach außen, sondern auch in mehr oder weniger hohem Grade Ziele der Repräsentation und der Propaganda nach innen und außen verfolgt, d. h. also Ziele, die schon als solche, ganz abgesehen von der Art ihrer Verfolgung, wirtschaftlich unproduktiv sind. Dabei handelt es sich, abgesehen von den enormen Rüstungskosten, nicht so sehr um solche Aufwendungen, die ausdrücklich und ausschließlich für politische Propagandazwecke gemacht werden, und also sozusagen auf Reklamekonto zu verbuchen wären. Sondern es handelt sich vor allem um das fortwährende Hineinspielen des Propagandagesichtspunktes in die Sphäre der Produktion selber. Staatswirtschaft wird stets zum Prahlen neigen, wird – soweit nicht Rüstungswirtschaft – stets in mehr oder minder hohem Maße Repräsentations-

---

Röpke: International Eonomic Desintegration, London 1942, p. 2–8, und die weitere, dort p. 2–4 angeführte Literatur. [Nachdruck, Philadelphia 1978]

wirtschaft, Prestigewirtschaft, Reklamewirtschaft sein,[7] dem „Kult des Kolossalen“ (Röpke) frönen.

Übrigens ist zu bemerken, daß die Frage des Produktivitätsgrades der zu wählenden Wirtschaftsordnung für uns praktisch weit weniger wichtig sein könnte – der Mensch lebt nicht von Brot allein –, wenn das 19. Jahrhundert uns die Erde nicht in einem so unsinnig übervölkerten Zustand hinterlassen hätte.

Problem der fixen Kosten

Auch die Behauptung, daß die Erhöhung des Anteils der fixen Kosten und die dadurch bedingte gesteigerte Immobilisierung der Kapitalien zwangsläufig, unvermeidlicher- und berechtigterweise zur Ausschaltung der freien Konkurrenz führen müsse, ist unhaltbar.[8] Es war wohl Eugen Schmalenbach, der zuerst in Wien 1928 in einem bedeutenden Vortrag diesen Gedankengang entwickelt hat.[9] Es sei, so führt er aus, „fast ausschließlich eine einzige Er-

---

7 Und dabei werden die hohen unproduktiven Reklamekosten von sozialistischen Theoretikern mit Vorliebe – und übrigens sachlich mit Recht – der kapitalistischen Wirtschaft zum Vorwurf gemacht.

8 Gegen diese „Mystik der fixen Kosten“ wendet sich mit Recht Leonhard Miksch: „Wettbewerb als Aufgabe“, Godesberg 1947, S. 19–20. Ausführliche Monographie über das Problemgebiet: J. M. Clark jun.: Studies in the Economics of Overhead Costs, Chicago 1923.

9 Eugen Schmalenbach: „Die Betriebswirtschaftslehre an der Schwelle der neuen Wirtschaftsverfassung“, in: Zeitschrift für handelswissenschaftliche Forschung, Leipzig 1928, Bd. 22, S. 241–251.

scheinung, die uns die alte Wirtschaftsform verlassen und in eine neue hineinsteuern läßt". „Diese Erscheinung, die in ihrer Auswirkung so stark ist, daß sie das ganze große Gebäude der Wirtschaft umzubauen zwingt, ist die Verschiebung der Produktionskosten innerhalb des Betriebes. Und zwar handelt es sich darum ..., daß der Anteil der proportionalen Kosten am Produktionsprozeß kleiner und der Anteil der fixen Kosten immer größer geworden ist, und zwar so sehr, daß schließlich der Anteil der fixen Kosten für die Produktionsgestaltung bestimmend wurde." „Diese Tatsache, daß ein immer größerer Anteil der Produktionskosten fix wird, läßt die alte Epoche der freien Wirtschaft ihrem Ende entgegengehen und eine neue Epoche der gebundenen Wirtschaft beginnen." „Man kann es heute mit voller Sicherheit aussprechen, daß das Überhandnehmen von fixen Kosten mit der Existenz der freien Wirtschaft auf die Dauer unverträglich ist, daß die freie Wirtschaft unter der Herrschaft der fixen Kosten einer neuen, gebundenen Wirtschaft Platz machen muß." Und überlegen ist die neue gebundene Wirtschaft, trotz ihrer außerordentlichen Schwächen, der alten freien Wirtschaft „hauptsächlich deshalb, weil die Existenz der fixen Kosten für die alte Wirtschaft so wenig mehr taugte und so unhaltbare Zustände erzeugte, daß selbst eine schlechte, selbst eine geradezu stümperhaft organisierte gebundene Wirtschaft das Übergewicht bekommt. Darum wird auch der Versuch, zur freien Wirtschaft zurückzukehren, unter der Herrschaft der fixen Kosten aussichtslos sein."[10]

10 Schmalenbach, S. 242, 243, 245, 246, 249. Gegenüber dieser immer wiederholten Unterstreichung der angeblichen

widersprechend ausgeschlossen sein muß. Allein der Leistungswettbewerb stellt das eigennützige Interesse des Produzenten unausweichlich in den Dienst des Konsumenten und läßt ihm keine andere Möglichkeit, seinen Konkurrenten zu übervorteilen, als durch die Belieferung des Konsumenten mit besseren oder billigeren Gütern. Die wichtigsten und gefährlichsten Formen, sich einen Vorteil außerhalb des Marktes zu verschaffen, sind Monopole, Subventionen u. ä.

Monopolismus macht Leistungswettbewerb unmöglich, sei es mit Hilfe von Gesetzen, durch rechtlich abgesicherte Übereinkunft oder, in seltenen Fällen, durch die Ausnutzung natürlicher oder technischer Umstände. Durch Subventionen u. ä. wird auf politischem Weg eine Gruppe von Produzenten mit öffentlichen Vorteilen ausgestattet, die anderen Produzenten nicht zugänglich sind und deren Kosten von den Konsumenten und übrigen Produzenten getragen werden müssen. In Wirklichkeit beruht das Monopol stets ganz oder teilweise auf staatlicher Intervention, weil es entweder speziell durch Gesetz geschaffen, ermöglicht oder durch Vorgehen und Haltung des Staates gar gefördert wurde. Die Nutznießer verheimlichen oder leugnen das sogar selbstverständlich.

Derartige Erscheinungen, die auf das Funktionieren des Marktes störend einwirken, breiteten sich seit dem letzten Viertel des 19. Jahrhunderts immer mehr aus und führten zu einer fortschreitenden Entartung der Marktwirtschaft. Staat und öffentliche Meinung, deren Aufgabe es gewesen wäre, jede derartige Erscheinung gnadenlos im Keim zu ersticken, um die Freiheit des Marktes zu schützen und so einen fairen Leistungswettbewerb zu ermöglichen, taten nicht nur nichts dergleichen, sondern unterstützten diese Entwicklung auf vielfältige Weise – durch Gesetzgebung, Rechtsprechung, Handelspolitik, Zölle, Frachttarife etc. Neben dieser fundamentalen Blindheit und den falschen Vorstellungen der Theoretiker, auf die wir bereits zu sprechen gekommen sind, lassen sich zahlreiche andere motivierende Faktoren anführen: Unwissenheit der öffentlichen Meinung und der Massen im Hinblick auf die Funktionsweise des Marktsystems, Größenwahn, Rekordsucht und sowohl heimliche wie öffentliche Einflußnahme mächtiger Interessengruppen auf Staat, Politik und öffentliche Meinung. Wo immer unter dem Druck geschädigter Konkurrenten gegen den Monopolismus gesetzliche Maßnahmen ergriffen wurden wie z. B. im Fall der Antitrustgesetze in den USA oder der deutschen Kartellverordnung[4], blieben diese regelmäßig unwirksam und dienten hauptsächlich dem Zweck, lästige Kläger zum

4 Der Autor, damals einer der Verantwortlichen im Reichswirtschaftsministerium, gehört zu den Vätern dieses Gesetzes, über dessen wahren Charakter er sich von Anfang an keine Illusionen machte.

produktive Kosten schließlich auf die einer fast unwiderstehlichen Suggestion unterworfenen Käufer überwälzt werden. Auch gegen sonstige, aus anderen Gründen anrüchige Formen der Reklame sehe ich keine Bedenken, mit radikalen Verboten vorzugehen: die lähmende Hemmung des laissez faire liegt glücklicherweise hinter uns. Die gesunde Öffentlichkeit des Wettbewerbs kann z. B. durch Fachausstellungen gewahrt werden, die großen Ausstellern keine anderen Ausstellungsmöglichkeiten bieten als kleinen.

In der Steuerpolitik ist bisher meist der scheinbar so einleuchtende, und eben deshalb demagogisch so bequeme, Grundsatz der sozialen Steuergerechtigkeit stark überwertet worden, unter Verkennung der außerordentlich weitgehenden marktwirtschaftlichen Überwälzungs- und Ausweichungsmöglichkeiten. An die erste Stelle muß vielmehr der staatssoziologische Gesichtspunkt möglichster Vermeidung demoralisierender und desintegrierender Wirkungen auf den Steuerzahler treten (Prinzip möglichster Unsichtbarkeit des Steuerboten): Denn die Steuererhebung ist ja für den Staat nur Mittel, die Integration dagegen, die sein eigentliches Wesen ausmacht, Selbstzweck. Dieser Gesichtspunkt fällt vor allem ins Gewicht gegenüber direkten Steuern, soweit sie nicht als Quellensteuern erhoben werden, und vor allem gegenüber Deklarationssteuern – wenn man nicht über eine so beneidenswert hohe traditionelle Steuermoral verfügt wie England. Wirtschaftspolitisch kann die Steuerpolitik dazu verwandt werden, um die Gleichgewichtsverhältnisse der Marktwirtschaft durch Änderung ihrer „Randdaten“ in metaökonomisch erwünschter Weise zu korrigieren, ohne ihren Mechanismus zu stören. Supplementär bleibt im übrigen die alte Weisheit gültig, daß alte Steuern gute Steuern und neue Steuern schlechte Steuern sind. Der traditionelle Steuerkatechismus müßte im übrigen einer gründlichen Revision unterzogen werden.[15]

Ein angemessenes existenzsicherndes Einkommen des Arbeiters durch gesetzlich festgelegte Mindestlöhne erreichen zu wollen, ist eine Kommandowirtschaft, wie sie sich der kleine Moritz vorstellt: zu niedrige Löhne werden eben „einfach“ gesetzlich bei Strafe verboten! Diese puerile Lohnpolitik ist aber in führenden Kulturstaaten tatsächlich zur Anwendung gekommen. Da man keinen privaten Betrieb dazu zwingen kann, mit Verlust weiter zu arbeiten, so erreicht man nur, daß alle Arbeiter, die unterhalb der Mindestlöhne noch weiter beschäftigt werden könnten, statt dessen ganz entlassen

15 (39) Henry Lauffenburger (Paris): „Trois Conférences“, Istanbul 1948, p. 7,8, stellt mit Recht fest: „il n'existe aucune étude psychologique générale des finances publiques“, und fordert eine stärkere Berücksichtigung der „conscience ou sensibilité de l'impôt“. Ich wäre geneigt, in dieser Richtung sogar noch wesentlich weiterzugehen.

Es gibt, logischerweise, kein wirtschaftliches Risiko, das nicht durch eine Risikoprämie von entsprechender Höhe kompensiert werden könnte. Das er-

---

Zwangsläufigkeit der umwälzenden Auswirkung hoher fixer Kosten auf die Wirtschaftsordnung, wird nur einmal in wenigen Sätzen (S. 245) gesagt, worauf denn ihre Unvereinbarkeit mit freier Konkurrenz eigentlich beruhen soll. „Gehen (bei niedrigem fixen Kostenanteil) die Preise unter die Selbstkosten herunter, dann schränkt man die Produktion ein und spart ein entsprechendes Stück der proportionalen Kosten. Ist aber der wesentlichste Teil der Selbstkosten fix, dann bringt eine Verringerung der Produktion die Kosten nicht entsprechend herunter. Und wenn bei dieser Sachlage die Preise fallen, dann hat es keinen Zweck, diesen Preisverfall durch Produktionsminderung anzugleichen. Es ist billiger, mit den durchschnittlichen Selbstkosten weiter zu produzieren. Zwar arbeitet der Betrieb fortan mit Verlust, aber der Verlust ist kleiner, als er sein würde, wenn man die Produktion verringern würde und trotzdem fast die vollen bisherigen Kosten tragen müßte. Und so ist die moderne Wirtschaft mit ihren hohen fixen Kosten des Heilmittels beraubt, das selbsttätig Produktion und Konsumtion in Einklang bringt und so das wirtschaftliche Gleichgewicht herstellt. Weil die proportionalen Kosten in so großem Umfang fix geworden sind, fehlt der Wirtschaft die Fähigkeit der Anpassung der Produktion an die Konsumtion."

Dieser entscheidende Gedankengang ist nicht nur auffällig unscharf formuliert, sondern, wie mir scheint, auch im Kern nicht richtig. Unter die optimale Produktionsmenge (bei der die Durchschnittsselbstkosten je Stück am niedrigsten sind) herunterzugehen, hat bei freier Konkurrenz auf die Dauer niemals Sinn, die nächste Alternative ist dann Stillegung. Allerdings wird der Stillegungspunkt um so später erreicht, je höher der Anteil der fixen Kosten ist, denn der Verlust am Preis ist so lange das kleinere Übel, als das Prozentverhältnis dieses Verlustes gegenüber den Durchschnittsselbstkosten je Stück den Prozentanteil der fixen Kosten nicht erreicht: Bei 10 Prozent fixen Kosten

gibt sich aus der Definition der Risikoprämie, deren Sinn ja eben hierin besteht und deren Höhe sich daraus berechnet. Also würde es sich auch in unse-

kann ich nur bis zu 10 Prozent unter Selbstkosten noch weiter verkaufen, weil schon von da ab der Gesamtverlust bei Weiterproduktion größer wird als bei Stillegung, bei 50 Prozent fixen Kosten dagegen noch bis 50 Prozent unter Selbstkosten. Die Anpassung der Produktion an die sinkende Nachfrage findet stets in der gleichen Weise statt, zuerst durch Verlustpreise, dann durch Stillegung, nur daß der Übergang vom ersten zum zweiten um so später stattfindet, je höher der Anteil der fixen Kosten ist. Je später der Zwang zur Stillegung eintritt, je länger trotz sinkender Preise noch weiter produziert werden kann, desto besser in mehr als einer Hinsicht für die Volkswirtschaft. Den Nachteil hat allerdings der Kapitalist infolge höheren Verlustrisikos. Wie dieses Risiko bei freier Wirtschaft sich ausgleichen würde, ist oben dargelegt, Schmalenbach dagegen setzt voraus, daß dem Unternehmer der freilich weit bequemere Ausweg in das Monopol offen steht, der ihm aus seiner praktischen Erfahrung nur allzu vertraut ist, und der allerdings seiner Wissenschaft der Betriebswirtschaftslehre ungeheure Anwendungsaussichten eröffnet.

„Ist ein Geschäftszweig so weit gekommen, so ist es zur Gründung eines Kartells oder bis zur Vertrustung nicht mehr weit." „Wenn Sie die Geschichte der Wirtschaft, wie sie sich in den letzten Jahrzehnten vor uns abgespielt hat, ansehen, so bemerken Sie überall, daß die monopolartigen Gestaltungen, insbesondere die Kartelle, zuerst da entstanden sind, wo große fixe Kosten vorhanden waren." (S. 245) Hier, wie so oft, liegt also der letzte Grund zur Meinungsverschiedenheit darin, welche Erfahrungsdaten man als unabänderlich hinnimmt und demgemäß als Konstanten in seine Rechnung einsetzt, oder welche man ablehnt und als abänderungsfähig und -bedürftig betrachtet. Ob dem Unternehmer die Flucht ins Monopol offensteht oder nicht, das hängt durchaus von der Wirtschaftspolitik des Staates ab, und die hier geforderte Wirtschaftspolitik impliziert,

rem Falle der fixen Kosten[11] einfach darum handeln, das aus ihnen entspringende Risiko, wie hoch es auch immer sei, durch eine entsprechende Risikoprämie zu kompensieren. Je höher das Investitionsrisiko, desto höher eben die zu seinem Ausgleich erforderliche Gewinnprämie, die in unserem Falle vor allem zur raschen Abschreibung des investierten fixen Kapitals dienen würde. Ohne jede Intervention der öffentlichen Hand und ohne die Möglichkeit der Flucht ins Monopol müßte, um eine derartige Investition lohnend erscheinen zu lassen,

---

daß dieser verhängnisvolle Ausweg von Staats wegen gesperrt wird, während er allerdings von der Weimarer Republik zur Zeit des Schmalenbachschen Vortrags auf die verschiedensten Weisen begünstigt und erleichtert wurde, teils aus mangelnder Einsicht, teils aus pluralistischer Schwäche. Im übrigen scheint Schmalenbach gar nicht daran zu denken, daß in der Landwirtschaft im bäuerlichen Familienbetrieb die fixen Kosten fast 100 Prozent ausmachen, mehr als in irgendeinem Industriezweig, und daß diese bäuerliche Landwirtschaft viele Jahrtausende lang ohne Monopol und Sozialisierung ausgekommen ist.

Wie Kollege Schmalenbach mir brieflich mitteilt, beabsichtigt er, auf den Fragenkomplex der fixen Kosten in dem in Vorbereitung befindlichen 3. Bändchen seiner „Pretialen Wirtschaftslenkung“ [Bd. 3, Bremen-Horn, o.J.] nochmals ausführlich zurückzukommen und insbesondere nachzuweisen, daß „die besondere Wirkung der fixen Kosten darin besteht, daß die Grenzkosten bei Unterbeschäftigung weit unter und bei Überbeschäftigung weit über den Durchschnittskosten stehen“, und daß deshalb der Preismechanismus der freien Wirtschaft nicht mehr exakt und mit dem größten gesamtwirtschaftlichen Effekt funktionieren könne.

11 Unter fixen Kosten verstehen wir die Gesamtheit derjenigen Kosten, die auch bei Stillegung des Betriebes weiterlaufen.

diese Risikoprämie in die Gewinnmarge eingerechnet werden, die durch den Preis dem Unternehmer geboten werden würde. Ehe der Preis und die durch ihn in Aussicht gestellte Gewinnmarge nicht diese Höhe erreicht hätten, wäre die Investition für den kalkulierenden Unternehmer nicht rentabel. Er müßte so kalkulieren, daß er innerhalb eines vollen Konjunkturzyklus, eventuelle Stillegung bei Baisse mit eingerechnet, auf seine Kosten und seinen angemessen Gewinn kommt.

Unter beweglichem Hinweis auf ihre Baisse-Verluste hatten es aber die betreffenden schwerindustriellen Unternehmer in Deutschland und anderwärts verstanden, sich öffentliche Protektionen, Subventionen und Garantien der verschiedensten Art, vor allem aber Monopolhilfen, zu sichern, um ihre angeblich zu schwachen Schultern von dem erdrükkenden Risiko der fixen Kosten zu entlasten. Eine solche Sozialisierung nur der negativen Risiken und Verluste zu Lasten der Allgemeinheit, während die positiven Chancen und Gewinne dem privaten Unternehmer verbleiben, ist selbstverständlich ein unmöglicher und untragbarer Zustand, der nach Vollsozialisierung geradezu schreit, wobei ja auch übermäßige Konzentration und Bürokratisierung der Verstaatlichung schon vorgearbeitet hatten. Das alles war Wasser auf die Mühle der Sozialisten, die nun die fachmännisch aufgemachten Argumente der Unternehmer nur einfach für ihre Zwecke zu übernehmen brauchten. In Wirklichkeit sind diese Argumente ebensowenig schlüssig, ob man die Subventionsbedürftigkeit oder die Sozialisierungsnotwendigkeit aus ihnen herleiten will.

Wohl aber war der Abweg, der über das öffentlich begünstigte Privatmonopol zur Sozialisierung führt, „im Grund genommen [nichts] anderes als die Erfüllung der Voraussagen des großen Sozialisten Marx .... Seine Vorstellungen von der Zukunft der Wirtschaft sind es, die wir sich erfüllen sehen. Wenn wir unseren Wirtschaftsführern von heute sagen würden, daß sie gewollt oder ungewollt sozusagen Vollstrecker des marxistischen Testamentes seien, so würden sie, ich nehme es an, mit allem Nachdruck dagegen protestieren."[12]

Wenn in diesem Zusammenhang von der exzessiven Höhe und dem nicht mehr zumutbaren Risiko des fixen Kapitals gesprochen wird, so ist nicht immer klar, was gemeint ist: der hohe prozentuale Anteil des fixen Kapitals am Gesamtkapital, oder die absolute Höhe des Gesamtkapitals, das jeweils auf einmal mindestens aufgewandt werden muß. Tatsächlich gibt es Fälle, in denen beides zusammentrifft, wo also von dem absolut sehr hohen Gesamtkapital, das mindestens erforderlich ist, ein relativ großer Teil fest investiert werden muß und also nicht wieder herausgezogen werden kann. Und solche Fälle sind wohl in erster Linie gemeint. Das gilt insbesondere für die eisenschaffende Industrie, wo, um in einer Hitze arbeiten zu können, mindestens Hochofen, Stahlwerk und Walzwerk kombiniert werden müssen, wo die optimale, ja selbst die minimale Größe eines solchen Kombinats sehr hoch liegt, und wo, bei dem hohen Mechanisierungsgrad des ganzen Prozesses und der starken Veredelung, die innerhalb seiner eintritt, der

12 Schmalenbach, S. 242.

Anteil der proportionalen Kosten für Rohmaterial, Löhne usw. an den Gesamtkosten verhältnismäßig niedrig ist, dagegen der Anteil der fixen Kosten für Verzinsung, Abschreibung, Unterhaltung und Versteuerung der Anlagen und die Gehälter der langfristig angestellten leitenden Beamten hoch.

Der naturgemäße Hergang unter freier Konkurrenz würde der sein, daß bei steigender Nachfrage, wenn die vorhandenen Anlagen auch bei Maximalbeschäftigung zu ihrer Deckung nicht mehr ausreichen, die Preise so lange steigen würden, bis sie einem neu zu erstellenden Betrieb die zur hinreichend kurzfristigen Abschreibung seines fixen Kapitals nötige Risikoprämie gewähren würden. Erst dann würde die Errichtung dieses Betriebes rentabel sein und erfolgen, es würde eine hohe Grenzstufe und ein starker Grenzsprung entstehen. Die Spanne würde allerdings auch wieder vermindert werden durch den Umstand, daß der neue Betrieb mit den allermodernsten und fortgeschrittensten, demnach kostensparenden Anlagen arbeiten kann, während vorher der Betrieb mit den veraltetsten und teuerst arbeitenden (wenn auch abgeschriebenen) Anlagen als Grenzbetrieb preisbestimmend wirkte.[13]

Man ist bei den landläufigen Erwägungen in methodisch unzulässiger Weise meist schon von der

---

13 Das hier erörterte Problem ist ein besonders interessanter und wichtiger Fall des allgemeinen Verhältnisses zwischen „Betriebswirtschaftslehre und Volkswirtschaftslehre", das ich unter diesem Titel, bezugnehmend auf einen Aufsatz von Konrad Engelmann, erörtert habe in der Revue de la Faculté des Sciences Économiques de l'Université d'Istanbul 1943, vol. IV, p. 87–93.

Phase der bereits erfolgten Investition bzw. Überinvestition ausgegangen, ohne zu bedenken, daß bei freier Konkurrenz erhöhte Immobilität und dadurch erhöhtes Kapitalrisiko kapitalabschreckend wirken und zu entsprechender Unterinvestition führen müssen, so lange, bis in Produktionszweigen mit hohen fixen Kosten das überdurchschnittliche Kapitalrisiko durch entsprechend überdurchschnittliche Rentabilität ausgeglichen ist. Wenn in Wirklichkeit diese Produktionszweige sich gerade umgekehrt zum Sitz chronischer Überinvestition ausgewachsen haben, so nur deshalb, weil man hier infolge besonders wirksamer pluralistischer Erpressungsmöglichkeiten auf überkompensierende Risikoabwälzung durch staatlich-monopolistische Protektion rechnen kann. Man muß sich hüten, für ökonomische Wirkung zu halten, was außerökonomische Voraussetzung und Ursache ist.

Wirtschaftliche Sicherheit

Es sind eine ganze Anzahl geistiger Strömungen, die aus verschiedenen Quellen entspringend und zunächst in ganz verschiedenen Richtungen sich bewegend, alle auf die Forderung nach Planwirtschaft konvergieren; die Mannigfaltigkeit dieser konvergierenden Motivierungen verleiht unverkennbar dieser Forderung eine große Wucht, ja zuweilen fast den Eindruck der Unwiderstehlichkeit. Allerdings wird man für die meisten dieser Strömungen letzten Endes zu einer negativen Beurteilung gelangen. Aber es wäre doch sonderbar – und müßte übrigens zu einem trostlosen Pessimismus in der Einschätzung des Menschen führen –, wenn es für eine so allgemein und mit solchem Nachdruck sich erhebende Forderung nicht auch berechtigte und haltbare Gründe gäbe.

Diese berechtigten Gründe liegen, wie wir gleich sehen werden, auf dem Gebiet der Arbeitsteilung und ihrer Folgen. Systematisch und historisch der Arbeitsteilung voran geht ein Zustand vollständiger wirtschaftlicher Autarkie der kleinsten sozialen Einheiten als Selbsterzeuger und Selbstversorger. Die Arbeitsteilung, sobald sie sich entwickelt (und der Austausch der Produkte und Leistungen so geteilter Arbeit), kann sich zunächst beschränken auf periphere Überschüsse, während für das Existenzminimum die Autarkie aufrechterhalten bleibt, ein Zustand, den wir periphere Arbeitsteilung mit Mindestautarkie nennen wollen. Oder sie kann äußerstenfalls sich auf die gesamte Produktion und den gesamten Bedarf beziehen, was wir als zentrale Arbeitsteilung bezeichnen wollen.

In der gesamten älteren Wirtschaftsgeschichte der Menschheit, von der ursprünglichen Sammelstufe bis zur Ausbreitung des pflugwirtschaftlichen Bauerntums, war es so, daß die regelmäßige wirtschaftlich relevante Zusammenarbeit sich im engsten Rahmen der Familie – bei den Nomaden der Großfamilie, bei den Jägern der Horde – abspielte, und daß diese kleinsten sozialen Einheiten – den Molekülen im Aufbau der Materie entsprechend – wirtschaftlich unabhängig und autark waren.

Zwar entwickelte sich daneben schon erstaunlich früh ein arbeitsteiliger Tauschhandel geringeren oder größeren Umfangs über kürzere oder weitere Entfernungen. Aber diese Arbeitsteilung blieb peripher, bezog sich auf Überschußproduktion einzelner Spezialitäten; es gab niemanden, der für seine Existenz und die seiner Familie von dem Funktionieren oder Nichtfunktionieren dieser peripheren Außenarbeitsteilung abhängig gewesen wäre. Und dabei blieb es in weiten Bereichen noch lange. Auch die ländlichen Gewerbe, die sich allmählich herausspezialisierten, wurden in aller Regel neben- oder halbberuflich neben der Landwirtschaft betrieben, die fortfuhr, dem betreffenden Handwerker und seiner Familie wenigstens das Existenzminimum autark zu sichern. Die Mindestautarkie blieb erhalten.

Dieser Zustand der Mindestautarkie bei nur peripherer Arbeitsteilung besteht innerhalb der bäuerlichen Landwirtschaft und der landwirtschaftlichen Bevölkerung im wesentlichen auch noch heute. Und wo etwa der dänische Bauer seine hochqualifizierten Produkte fast sämtlich verkauft, um für seinen Eigenbedarf dafür billigere einzuhandeln (etwa Margarine statt Butter), da besteht diese Mindestautarkie doch wenigstens noch latent, da er bei Absatzstockung oder sonstigen Marktstörungen jederzeit auf den Selbstverbrauch seiner eigenen Produkte zurückgreifen kann.

Erst Überschichtung und Verstädterung ließen Bevölkerungsgruppen entstehen, die wirtschaftlich nicht mehr autark, sondern selbst bezüglich des Existenzminimums in mehr oder minder hohem Maße fremdabhängig und auf arbeitsteiligen Austausch angewiesen waren, so daß also unter Verlust der Mindestautarkie zentrale Arbeitsteilung Platz griff. Zwar bemühte sich zunächst auch der Städter, seine Mindestautarkie noch so lange wie möglich aufrechtzuerhalten, und in den kleineren, danach so genannten Ackerbürgerstädten blieb es die Regel, daß jeder Bürger noch dicht vor den Toren sein eigenes landwirtschaftliches Grundstück bestellte und notfalls von dessen Erträgnissen leben konnte. Aber im übrigen waren die Städter auf Lieferung nicht selbst erzeugter Lebensmittel und Bedarfsgüter angewiesen. Zum erstenmal wurde in großem Umfang Arbeitsteilung lebenswichtig und zentral.

Auf diesen Verlust der unmittelbaren Mindestautarkie reagierte man sofort mit dem Bestreben, sich den Bezug der lebenswichtigen Güter, auf den man angewiesen war, mittelbar auf herrschaftlichem Wege zu sichern. Die mittelalterliche Stadt hielt das umliegende Landgebiet in Unterwürfigkeit, möglichst in einem Umfang, der ihre Mindestbedürfnisse sicherte; durch drakonische Bestimmungen wurde das Bezugsmonopol der Stadt sichergestellt. Auch andere Maßregeln herrschaftlichen Charakters dienten dem gleichen Zweck, wie denn überhaupt Versorgungspolitik das Kernstück mittelalterlicher städtischer Außenpolitik bildete. Selbst die Fernversorgung mit Brotgetreide und anderen lebenswichtigen Produkten wurde, wenn möglich, durch Beherrschung der Zufahrtswege herrschaftlicher Sicherung unterworfen (Athen, Rom, England).

Daß bei der Verteilung der so auf herrschaftlichem Wege kollektiv gesicherten Gesamtversorgung auch kein einzelner leer ausging oder zu kurz kam, war gleichzeitig eine wesentliche Zielsetzung städtischer Innenpolitik mit ihren Markt- und Zukunftsordnungen usw.; wie die Außenpolitik um die Versorgung, so kreist die Innenpolitik um die Verteilung. Der Absolutismus, als Erbe des Stadtregiments, fühlte sich denn auch verpflichtet, seine Herrschaftsmittel ebenso in den Dienst der Versorgung der Gesamtheit wie der Verteilung auf alle einzelnen zu stellen; der Merkantilismus war die dieser Zwecksetzung zugeordnete Wirtschaftslehre.

Der Sieg der Wirtschaftsfreiheit im 19. Jahrhundert und die Entwicklung der ungebundenen Konkurrenzwirtschaft schuf demgegenüber eine völlig neue Situation. Zwar blieben die landwirtschaftlichen Produzenten nach wie vor bezüglich ihres Existenzminimums in der Regel autark, und der Staat sicherte nach wie vor die wirtschaftliche Existenz seiner Beamtenschaft und seines Heeres auf herrschaftliche Weise. Aber innerhalb der immer stärker anwachsenden städtischen Schichten von Gewerbe und Handel, einschließlich der sogenannten freien Berufe, wurde jetzt jeder einzelne mit seiner Existenz und der seiner Familie vom „Markt“ abhängig, d. h. davon, ob und zu welchem Preise er für die Waren oder Leistungen, die er anzubieten hatte, Abnahme fand.

Diese neugeschaffene Lage war bei weitem am empfindlichsten für den Arbeiter, den Proletarier, der nichts anzubieten hatte als seine – dadurch zu einer Marktware degradierte – Arbeit. Sobald er für diese Ware keinen Abnehmer fand, sah er sich mit seiner Familie dem wirtschaftlichen Nichts gegenüber, dem Elend preisgegeben. Zwar trat dieser Fall in der Regel nur für verhältnismäßig wenige, nur selten und nur für mehr oder weniger kurze Zeit ein, und die Wirtschaftstheorie konnte nachweisen, daß diese Seltenheit und relative Kürze der Arbeitslosigkeit ein notwendiges und gesetzmäßiges Ergebnis des ungestörten Marktmechanismus ist. Aber das war für den Arbeiter, dessen Verständnis sich dieser fachwissenschaftlichen Deduktion entzog, ein schlechter Trost. Denn wenn schon selten, so konnte doch niemand wissen, ob nicht gerade er der Betroffene war. Und wenn schon im allgemeinen nur relativ kurz, so garantierte ihm doch niemand dafür, weder daß eine auch relativ noch kurze Zeit für seine Verhältnisse nicht schon absolut zu lang war, noch daß er nicht vielleicht zu den unterdurchschnittlichen Ausnahmen gehörte. Selbst der noch so überzeugend geführte Nachweis, daß es den normalen Gewohnheiten des Tieres entspricht, höchstens jeden zehnten anzufallen, bietet geringe Beruhigung, so lange niemand sicher sein kann, ob nicht er selber vielleicht einer von diesen zehnten sein wird. Alles in allem also eine Lage, in der jeder einzelne sich jederzeit von der Möglichkeit einer Arbeits- und Einkommenslosigkeit völlig unbestimmter Dauer und Schwere bedrückt fühlen mußte – ein Leben am Rande eines vernebelten Abgrundes von unbekannter Steilheit und Tiefe. Das ins Unabsehbare als Gesamtschicksal für alle Betroffenen, lebenslänglich und generationenlang.

So empfindlich dieser Verlust der wirtschaftlichen Sicherheit für die von ihm Betroffenen auch war, so wurde ihre Lage doch noch wesentlich verschlimmert durch den damit Hand in Hand gehenden Prozeß der sozialen Atomisierung.[14] Der Mensch ist, wie Aristoteles es klassisch formuliert hat, seiner Natur nach ein Gemeinschaftswesen. Nicht nur physisch und materiell ist er auf Gemeinschaft, auf gegenseitige Hilfe, angewiesen, sondern noch mehr psychisch und ideell. Unter allen ursprünglichen Lebensbedingungen, bis zu denen des Bauerntums einschließlich, werden diese beiden Gemeinschaftsbedürfnisse, das physische und das psychische, gleichzeitig und in einem auf das vollkommenste befriedigt. Unter modernen industriellen Verhältnissen jedoch ist es gerade umgekehrt: Die tägliche Arbeit, die die bäuerliche Familie verbindet, die sich auf dem Bauernhof im engsten Rahmen dieser Familie abspielt, reißt die Proletarierfamilie auseinander, auch die Familie der Stehkragenproletarier, und selbst noch die des Beamten und des Angehörigen der meisten sogenannten freien Berufe: Die Arbeit des Familienvaters spielt sich regelmäßig von früh bis spät außerhalb der Familie ab. Die Arbeit der Mutter, falls sie erwerbstätig ist, desgleichen. Und die Kinder werden bereits durch Kindergarten und Schule für den größten Teil des Tages der Familie entzogen, um, sobald sie der Schule entwachsen sind, sich ihrerseits gleichfalls einen familienfremden Arbeitsplatz zu suchen. Die Behausung der Familie, eine kurzfristig kündbare, oft wechselnde, meist enge und häßliche Mietswohnung in der Steinwüste einer Großstadt, dient im wesentlichen nur noch als Schlafstelle mit Frühstück und Abendessen. Von

14 Alexander Rüstow: „Vereinzelung, Tendenzen und Re-

Naturverbundenheit, Bodenständigkeit, Heimatgefühl kann unter solchen Verhältnissen natürlich keine Rede sein, wenn sich auch rührenderweise das unausrottbare Bedürfnis des Menschen sogar an das betreffende Großstadtviertel, und sei es noch so häßlich, mit Jugenderinnerungen und Heimatgefühlen hängt. Und Gemeinschaftsverbundenheit, Sicherheit und Wärme der sozialen Einbettung können natürlich ebensowenig gedeihen.

Vom wirtschaftlichen Marktrisiko, der Marktunsicherheit, werden im übrigen ja nicht nur die Arbeiter, sondern auch alle anderen Beteiligten, insbesondere auch die Unternehmer, getroffen, wenn auch in einer anderen und weniger ungünstigen Lage, ohne die für den Proletarier charakteristische jederzeitig unmittelbare Bedrohung seiner nackten Existenz.

Bei absoluter oder wenigstens minimaler wirtschaftlicher Autarkie des einzelnen bzw. der Familie liegt mein wirtschaftliches Schicksal in meiner eigenen Hand, und ich bin für meine Existenz und die der Meinigen von niemand anderem abhängig; ich stehe wirtschaftlich fest und sicher auf eigenen Füßen. Bei zentraler Arbeitsteilung jedoch, wie sie heute für nicht unerhebliche Teile der Menschheit Platz gegriffen hat, ist der einzelne für seine wirtschaftliche, ja letzten Endes für seine physische Existenz abhängig vom „Markt", d. h. von etwas Unsichtbarem und Ungreifbarem, auf das er keinen Einfluß hat und das er gar nicht oder nur mehr oder weniger unvollkommen übersieht.

flexe", in: Gegenwartsprobleme der Soziologie, Alfred Vierkandt zum 80. Geburtstag, Potsdam 1949, S. 45–78.

Die nächstliegende Reaktion war der Versuch, sich gegen diese Gefahren durch Solidarität mit den in gleicher Weise betroffenen Kollegen zu sichern, woraus ebenso die Kartelle usw. der Unternehmer wie die Gewerkschaften usw. der Arbeiter hervorgegangen sind. Soweit diese Versuche für die betreffende Gruppe erfolgreich waren, indem sie zu deren Gunsten Monopole oder Monopoloide schufen, wurde dieser Erfolg auf Kosten anderer Marktbeteiligter errungen, deren Marktabhängigkeit dadurch noch über das bisherige Maß hinaus übersteigert wurde. Eine zunehmende Zerrüttung des Marktes war die Folge dieses wirtschaftlichen Pluralismus, der mit dem politischen Pluralismus Hand in Hand ging.

„Quel ordre peut exister au sein d'une société où chaque industrie, aidée en cela par la loi et la force publique, cherche ses succès dans l'oppression de toutes les autres?“[15]

Da in der modernen komplizierten und hochgesteigerten Arbeitsteilung fast jede der beteiligten Wirtschaftsgruppen an ihrer Stelle für das Funktionieren des wirtschaftlichen Gesamtprozesses unentbehrlich und unersetzbar ist, so braucht man nur alle Angehörigen einer solchen Gruppe hinreichend straff zu organisieren, um durch gleichzeitige Arbeitsteilung dieser Gruppe den gesamten Wirtschaftsprozeß schwer zu stören oder gar lahmzulegen und um durch Drohung mit solchem Vorgehen einen erpresserischen Druck ausüben zu können:

---

15 Frédéric Bastiat: Déclaration de l'association pour la liberté de l'échange, 10–5–1846, § 3, Le Libre échange, Oeuvres complètes, in 16°, Paris 1855, t. II, p. 2.

arbeitsteilige Angewiesenheit aufeinander als Mittel wechselseitiger Erpressung reihum.

Wenn bereits 1767 der schottische Philosoph Adam Ferguson in seinem „Essay on the History of Civil Society" warnend vorausgesehen hatte, „daß die Arbeitsteilung in ihren äußersten Wirkungen die Bande der Gesellschaft zu zerreißen drohe",[16] so hat sich diese Befürchtung in furchtbarster Weise bewahrheitet. Ein Zustand, im ganzen unhaltbar, im einzelnen unerträglich.

Diese unerträgliche wirtschaftliche Unsicherheit jedes einzelnen, zu der die das Zentrum der Existenz erfassende Arbeitsteilung infolge mannigfach degenerierter und mißbrauchter Marktabhängigkeit führt, ist das eigentliche Übel, gegen das sich die Planwirtschaftsparole richtet und dem sie ihre ungeheure Resonanz verdankt. Man will das unsichtbare Ungeheuer, das jeden einzelnen bedroht, gemeinsam einfangen und bändigen, fesseln und unschädlich machen. Safety first: Man will endlich seiner wirtschaftlichen Existenz sicher sein, wenigstens wissen, von wem man abhängt, diese Abhängigkeit sichtbar machen und offenlegen, in eine öffentliche Angelegenheit verwandeln, an deren Regelung man selber beteiligt ist. Und das leistet ja auch die Planwirtschaft tatsächlich, so falsch und schief auch die meisten sonstigen Argumente sein mögen, die von ihren Vertretern propagiert werden.

Das Ziel, das auf diese Weise erreicht werden soll, ist das der „Vollbeschäftigung", womit kon-

16 Meinecke: „Die Entstehung des Historismus", München 1936, I, S. 285.

tinuierliche, dauernde Vollbeschäftigung, nicht nur in der Hochkonjunktur, frei von Konjunkturschwankungen, gemeint ist. Bei der Beurteilung dieser populären Zielsetzung müssen aber zunächst einige landläufige Fehlmeinungen statistischer Natur berichtigt werden.

Es ist ein Irrtum zu glauben, der Beschäftigungsgrad auf dem höchsten Höhepunkt der Konjunktur sei das Normale, das für die Dauer stabilisiert werden könne und solle. In einer sich entwickelnden, fortschreitenden Marktwirtschaft findet laufend ein Abgang von veralteten Betriebsteilen und Betrieben, ein Zugang von neuen statt, manche Produktionszweige wachsen, andere nehmen ab. Das alles, zuzüglich persönlicher individueller Gründe auf seiten der Arbeiter, führt laufend zu einem Wechsel von Arbeitsplätzen, wobei sich zwischen die Aufgabe des alten und den Antritt des neuen Arbeitsplatzes eine mehr oder weniger kurze Zeit der Arbeitslosigkeit einschiebt. Man nennt das „Reibungsarbeitslosigkeit", sie ist in einer sich entwickelnden Wirtschaft unvermeidlich und normal.

Ferner findet in jeder Volkswirtschaft laufend eine Ausscheidung von nicht mehr tauglichen oder minderwertigen Arbeitskräften statt, die aber vor ihrem endgültigen Ausscheiden (als Altersrentner, Invalidenrentner, Anstaltsinsassen usw.) noch eine kürzere oder längere Zeit als Arbeitssuchende auftreten und gezählt werden – man könnte hier von einer Abfalls-Arbeitslosigkeit sprechen. Sie ist ebenso unvermeidlich wie die Reibungs-Arbeitslosigkeit: Sowohl der Wechsel des Arbeitsplatzes wie das Ausscheiden aus dem Arbeitsmarkt vollzieht sich eben nicht momentan, sondern mit einer gewissen, kürzeren oder längeren, Übergangszeit.

Der Durchschnitt sowohl der Reibungs- als der Abfallsarbeitslosigkeit muß also von der Gesamtarbeitslosigkeit vorweg abgezogen werden, um die Normale des Beschäftigungsgrades, die eigentliche Nullinie der Arbeitslosigkeit, zu erhalten, und diese normale Nullinie der Arbeitslosigkeit bzw. normale 100-Prozent-Linie der Beschäftigung, auf die sich auch die Forderung dauernder „Vollbeschäftigung“ in Wirklichkeit nur beziehen kann, liegt also nicht bei dem absoluten Null unserer Arbeitslosigkeitsstatistiken, sondern sagen wir etwa bei 5 Prozent bzw. bei einer Beschäftigung von 95 Prozent. Und wenn auf dem Gipfel der Hochkonjunktur vorübergehend keine oder fast keine Ausscheidungen stattfinden und auch minder taugliche Arbeitskräfte noch gehalten oder wieder eingestellt werden, so ist das eine negative Arbeitslosigkeit unter Null bzw. ein Beschäftigungsgrad über 100 Prozent.

Aber auch diese „berichtigte“ Vollbeschäftigung kann als Dauerzustand nur bei Vollsozialisierung und Planwirtschaft erreicht werden. Und die Frage ist nur, womit diese Ausschaltung der konjunkturellen und strukturellen Arbeitslosigkeit, diese Sicherheit des eigenen Wirtschaftsschicksals, erkauft wird, welches der Preis ist, der dafür gezahlt werden muß.

Dieser Preis ist, um es mit einem Wort zu sagen, die Freiheit. Denn das weiß man ja längst, daß der Sklave sich nicht vor Arbeitslosigkeit zu fürchten braucht, der moderne Staatssklave so wenig wie der Privatsklave in alten Zeiten. Um den Preis der Freiheit war also die ökonomische Sicherheit und lebenslängliche Versorgtheit schon immer zu haben,[17] nur daß sich bisher kaum jemand fand, der ihn freiwillig zu zahlen bereit war. Und auch heute ist man dazu wohl meist nur bereit, weil man nicht weiß, was man tut, weil man sich nicht darüber im klaren ist, daß einem dieser Preis unvermeidlicherweise abgefordert werden wird.

Planwirtschaft bedarf, wenn sie funktionieren soll, einheitlicher Leitung; einheitliche Leitung bedarf eines einzigen Leiters: Diktatur ist die allein angemessene Organisationsform der Planwirtschaft. Demokratische Planwirtschaft aufgrund von Abstimmungen und Mehrheitsbeschlüssen ist eine so lächerliche Vorstellung, daß jedes Wort zu ihrer Widerlegung verschwendet wäre – läßt sich doch nicht einmal der kleinste Betrieb auf solche Weise führen.

Der diktatorische Leiter der Planwirtschaft vereinigt in seiner Hand notwendigerweise eine derartige Machtfülle, daß neben ihm für eine selbständige politische Leitung kein Platz mehr bleibt: Sie müßte sich ihm entweder unterordnen oder zu kläglicher Ohnmacht verurteilt sein. Also ist es dann schon das einzig Vernünftige, politische und wirtschaftliche Leitung in eine Hand zu legen, wie das bisher ja auch stets geschehen ist. Damit sind wir dann also konsequenterweise bei der totalitären Diktatur, der Tyrannis, angelangt, die in der Tat die der Planwirtschaft allein adäquate Staatsform ist.[18]

17 „Nam perpetua illa obligatio compensatur perpetua alimentorum certitudine, quam saepe non habent, qui diurnas operas locant", wie der gute alte Samuel Pufendorf (1632–1694) von der Sklaverei schreibt: Ius naturae et gentium VI 3.

18 Dem äußerst scharfsinnigen Nachweis der Zwangsläufig-

Das bedeutet also, in terms of the Atlantic Charter, nicht mehr und nicht weniger, als daß für die vierte Freiheit, das freedom from want, die sämtlichen drei anderen preisgegeben werden, freedom from fear, freedom of speech, freedom of worship.

Wer aber nicht bereit ist, seine ökonomische Sicherheit mit planwirtschaftlicher Staatssklaverei zu erkaufen, für den erhebt sich die Frage, welchen anderen Weg es denn gibt, um die ökonomische Unsicherheit, die tatsächlich einen nicht mehr erträglichen Grad erreicht hat, zu beseitigen, oder doch auf ein erträgliches Maß zurückzuführen.

---

keit dieses Zusammenhangs ist das Buch von F. A. von Hayek: The Road to Serfdom, London 1944, gewidmet (Deutsche Übersetzung von Eva Röpke, Der Weg zur Knechtschaft, Zürich 1945). Es ist schade, daß das Buch gerade in dem England der Labour-Regierung erschienen ist, denn nirgends wird es weniger überzeugend wirken. Nicht nur, daß Demokratie und Freiheit nirgends so tief und fest verwurzelt sind wie in England, und man auch bei den allermeisten Anhängern der Labour-Party an ihrer aufrichtigen Liebe zu diesen Idealen nicht im mindesten zweifeln kann, sondern auch die Fähigkeit zur Inkonsequenz ist nirgends in solchem Maße vorhanden. Infolgedessen hat kein Land so große Chancen wie England, eine Ausnahme von der durch Hayek bewiesenen Regel zu bleiben. Ich zweifle nicht, daß England in dem Augenblick (oder ein wenig später) mit der Sozialisierung Schluß machen wird, wo sie anfängt, eine sichtbare und ernstliche Gefahr für Demokratie und Freiheit zu werden, und daß man sie dann in so inkonsequenter und unlogischer Weise mit Freiheitsgarantien und extrem demokratischen Einrichtungen zusammenkoppeln wird, wie das in keinem der anderen kopfschüttelnd dies Schauspiel bewundernder Länder möglich wäre. Aber der von Hayek geführte Nachweis, daß konsequenterweise Planwirtschaft zu totalitärer Diktatur führt, bleibt

Und da muß denn ehrlicherweise sofort gesagt werden, daß nur das zweite in Frage kommt. Absolute Sicherheit, absolute Geborgenheit sind nicht wohlfeiler als um den Preis der Freiheit zu haben. Absolut geborgen und sicher sind: das Kind, das Haustier, der Sklave – weil andere sorgen, weil andere verantwortlich sind. Selbständigkeit ohne Verantwortung, Freiheit ohne Risiko gibt es nicht, das wäre ein Widerspruch in sich selber. Zu untersuchen bleibt, wie weit sich bei Aufrechterhaltung der Freiheit das Gefahrenrisiko einschränken läßt und ob wir es nicht auf ein durchaus erträgliches und ohne weiteres zumutbares Maß reduzieren können. Das scheint uns in der Tat durchaus der Fall zu sein.

Wirtschaftliche Gerechtigkeit

Sozialisierung der Wirtschaft wird ja aber nicht nur im Namen der Sicherheit, sondern vor allem auch im Namen der Gerechtigkeit gefordert. Und auch diese Forderung ist als solche durchaus berechtigt. Daß die Verteilung von Vermögen und Einkommen in unserer plutokratischen Wirtschaftsordnung irgend etwas mit sozialer Gerechtigkeit zu tun hätte, wird wohl heute niemand mehr im Ernst behaupten wollen. Sicherlich gibt es Leute, die ihren selbsterworbenen Reichtum ausschließlich eigener Tüchtigkeit, und andere, die ihr Elend ausschließlich eigener Untüchtigkeit zu verdanken ha-

---

dadurch unberührt, denn wenn alle logischen Konsequenzen ungültig würden, gegen die schon einmal in England verstoßen worden ist, so würden nicht viele übrig bleiben.

ben. Diese Fälle sind aber denkbar weit davon entfernt, die Regel zu bilden. Schon der alte türkische Dichter Fuzuli († 1555) sagt:

> „Aus Dummheit glaubt einer, der reich werden möchte, daß Faulheit die Ursache der Armut, und viel Arbeit die Ursache des Reichtums sei."[19]

Und Marx hat an einer bekannten Stelle des 1. Bandes seines „Kapitals" diese naive Meinung mit vollem Recht als „Kinderfibel" verspottet. Bekanntlich werden Reichtum wie Armut in aller Regel ererbt, arm zu bleiben ist leicht, reich zu bleiben nicht schwer, arm zu werden schon schwieriger, wenn der ererbte Reichtum groß genug war, reich zu werden am schwersten. Wie ererbter Reichtum ursprünglich erworben wurde, ist im einzelnen zwar nicht immer festzustellen, selten jedenfalls ohne mehr oder minder starke Beteiligung des „politischen Mittels" (Franz Oppenheimer), und am Ende aller Enden natürlich durch Überlagerung. Omnis dives aut iniquus aut iniqui heres.[20] Trotz aller plutokratischen Interferenzen sind die heutigen Reichen im ganzen noch die Erben der einstigen Eroberer, ihres Besitzes, wie übrigens auch ihrer Gesinnung, und auch die wenigen Selfmademen

---

19 Es handelt sich um einen persischen Zweizeiler des unter dem arabischen Titel Enis-el Kalb erschienenen Gedichtbuches (Neudruck Istanbul 1944), angeführt in er noch ungedruckten türkischen Dissertation von Dozent Dr. Sabri F. Ülgener, Istanbul, Über Wirtschaftsethik und Wirtschaftsgeist im osmanischen Mittelalter.

20 Hieronymus: Epistola 120 ad Hedibiam (Migne, Patrologia Latina 22, 984): „unde et illa vulgata sententia mihi videtur verissima: Dives aut iniquus aut iniqui heres". Sie steht bekanntlich in goldenen Lettern im Sankt-Marcus-Dom zu Venedig.

unter ihnen haben meist aus der gleichen Gesinnung und mit entsprechenden Methoden gearbeitet. Auch die Konzentration des Reichtums erklärt sich letzten Endes daraus, daß die Eroberer gegenüber den Unterworfenen stets nur eine kleine Minderheit waren.[21]

Die im allgemeinen auf so wenig vertretbare Weise zustande gekommene heutige Besitzverteilung hat nun die Folge, die für jeden Sozialisten mit Recht den besonderen Stein des Anstoßes bildet, daß einer Millionenmasse von Proletariern eine Minderheit von einigen hunderttausend „Kapitalisten" gegenübersteht, in deren Händen sich sämtliche Produktionsmittel befinden, und in deren Dienst sich daher jeder Arbeiter begeben muß, wenn er nicht verhungern will. Das ist ganz gewiß nicht gerecht, und man kann es sogar empörend finden. Der Grad der Ungerechtigkeit hat im Laufe der letzten zweihundert Jahre noch dadurch zugenommen, daß die Zahl der Kapitalisten und Unternehmer immer kleiner, die der Proletarier immer größer, das Mißverhältnis also immer schreiender geworden ist. Und wie soll nun dieser wachsenden Ungerechtigkeit nach sozialistischer Meinung abgeholfen werden? Dadurch, daß die Zahl der selbständigen Unternehmer von einigen 100 000 auf 1 vermindert – die Ungerechtigkeit und das Mißverhältnis also auf die denkbar äußerste Spitze getrieben werden. Denn der einzige selbständige Unternehmer, der bei Voll-

---

21 Vgl. Alexander Rüstow: Ortsbestimmung der Gegenwart. Eine universalgeschichtliche Kulturkritik, Erlenbach-Zürich 1949, Eugen Rentsch Verlag. [Bd. 1 1950, Bd. 2 1952, 2. Auflage 1963, Bd. 3 1957; Nachdruck voraussichtlich Münster 2001]

sozialisierung noch übrig bleibt, ist ja der diktatorische Leiter der Planwirtschaft.

Ja, wird entgegnet, die Gesamtheit aller Produktionsmittel und Betriebe gehört dann aber doch uns, der Gesamtheit. Das scheint mir nun aber wahrhaftig der Kinderfibel zweites Heft zu sein. Was nützt mir das gewiß erhebende Bewußtsein, zu einem soundsovielmillionstel Miteigentümer sämtlicher Fabriken meines Landes zu sein, wenn ich in keiner einzigen von ihnen auch nur das geringste zu sagen habe?[22] Ja, wenn meine Abhängigkeit in Wirklichkeit sogar noch wesentlich größer geworden ist als vorher. Wenn nicht nur der Streik bei Todesstrafe verboten ist, sondern ich nicht einmal mehr die Freiheit habe, meinen Arbeitsplatz nach eigenem Belieben zu wechseln. Während ich vorher, nach einem Krach mit dem Unternehmer A oder dessen Vorarbeiter, ohne weiteres zu dem Unternehmer B oder C hinüberwechseln konnte, während ich jetzt kommandiert werde, es immer mit dem gleichen Großunternehmer Staat und dessen Diktator zu tun habe, und ein Vermerk in meinem Arbeitsbuch mir in gleicher

---

22 Was praktisch entscheidet, ist nicht der formal-juristische Eigentumstitel, sondern der faktische Besitz, die wirkliche Ausübung der Verfügungsgewalt. Ein rein formelles Eigentumsrecht ohne faktisch ausgeübten Besitz pflegt sonst nicht gerade als etwas besonders Erstrebenswertes zu gelten; schon ein viel gesungenes deutsches Volkslied trifft diesen Nagel auf den Kopf, wenn es feststellt: „Was nützet mir ein schöner Garten, /wenn Andre drin spazieren gehn?“

Genau das ist aber das Endergebnis der Vollsozialisierung. „Dem Volk“ gehört zwar dann der Garten der Wirtschaft, wer aber darin spazierengeht, das ist der Diktator mit den von ihm eingesetzten Direktoren usw. Und das

Weise alle erwünschten Arbeitsplätze im ganzen Land verschließt? Und das soll ein Gerechtigkeitsfortschritt gegenüber dem jetzigen Zustand sein?

Wie gesagt, auch wir halten den jetzigen Zustand keineswegs für gerecht und befriedigend. Aber wir sind der Meinung, daß Vollsozialisierung die Ungerechtigkeit nur noch steigert, ja, auf die Spitze treibt, und daß die Sozialisten in dieser Beziehung Leuten gleichen, die bei einem Brande in die Flammen hineinrennen, statt in der entgegengesetzten Richtung.[23]

Die Frage, die sich ergibt, ist also auch hier wieder, ob wir etwas Besseres vorzuschlagen haben, ob es eine andere Wirtschaftsordnung gibt, die geeignet ist, die bisherigen Ungerechtigkeiten, in deren Kritik wir mit den Sozialisten einig sind, tatsächlich zu mindern, wo nicht zu beseitigen.

Wirtschaftliche Produktivität

Ein weiteres Argument, das für Planwirtschaft und Sozialisierung angeführt zu werden pflegt, ist ihre angeblich größere Rationalität, ihre produktionstechnische und organisatorische Überlegenheit, und da-

---

Volk hat das unveräußerliche Recht, dies erhebende Schauspiel durch die Gitterstäbe des Zaunes zu bewundern, in dem tief beglückenden Bewußtsein, daß dies alles doch eigentlich niemand anderem als ihm selbst gehört.

23 (22a) Schon Lamennais (1782–1854) war sich darüber klar, daß die wirtschaftliche Gerechtigkeit verletzt werden kann „soit par l'extension abusive de la propriété individuelle elle-même, qui, en concentrant aux mains de quelques-uns la matière de la propriété, ne laisse plus rien qui puisse être

mit die weitaus größere Produktivität, die von ihr zu erwarten sei, auf welch letztere manchmal sogar geradezu phantastische Erwartungen gesetzt werden.

Dies Argument stammt aus der Zeit des beginnenden Übergangs vom Kleinbetrieb zum Großbetrieb, wo man erwartete, daß, weil die ersten Schritte auf diesem Wege zu oft erstaunlichen Produktivitätsfortschritten geführt hatten, das auch ins Unbegrenzte so weitergehen müsse, und also die einheitliche Zusammenfassung sämtlicher Unternehmungen eines Landes das non plus ultra an Rationalität und Produktivität ergeben müsse.

Wir sind inzwischen längst von diesem naiven Tangentialismus geheilt und wissen, daß es sich auch in dieser Hinsicht nicht um das Maximum, sondern um das Optimum der Betriebs- und Unternehmungsgröße handelt, und daß dies Optimum in den allermeisten Fällen weit tiefer liegt, als wir anzunehmen geneigt waren. Unsere berühmten Großkonzerne jedenfalls waren sämtlich schon weit über dieses Optimum hinausgewachsen, und soweit sie nicht tatsächlich verkrachten, wie etwa der Stinnes-Konzern oder die Riesenfirma Citroën, hatten sie das meist nur ihrem Einfluß auf Großbanken, Staat und Öffentlichkeit zu verdanken, die krankhafterweise alle davon überzeugt waren, daß man „eine solche Firma“ doch schon aus nationalen Prestigegründen unmöglich zusammenbrechen lassen könne, sondern

---

la propriété des autres, soit par l'extrême degré de cet abus même, qui concentre dans les mains de l'état la proriété toute entière“ (Hans Barth: Über die Staats- und Gesellschaftsphilosophie von Lamennais, Schweizer Beiträge zur allgemeinen Geschichte, Aarau 1948, Band VI, Seite 166).

lieber eine versteckte Sanierung mit öffentlichen Zubußen der verschiedensten Art – von Steuererlassen angefangen – durchführen müsse. „Unsterblichkeit durch Größe“ war ein patentes Rezept in unserer dem Kult des Kolossalen ergebenen Zeit.

Jeder Kenner weiß, daß es kaum eine Branche gab, in der der größte Betrieb der rentabelste gewesen wäre, und das trotz der zahllosen Begünstigungen, die er zu Unrecht genoß. Sehr häufig lag das Maximum der Rentabilität und also das Optimum der Betriebsgröße bei den mittleren bis kleineren Betrieben.[24] Wenn aber schon Großkonzerne einzelner

24 (23) So auch das Ergebnis eines vertraulich und unter geheimen Decknummern vorgenommen Betriebsvergleiches, der auf meine Veranlassung in den verschiedenen Zweigen der deutschen Maschinenindustrie um das Jahr 1930 durchgeführt wurde. In keinem einzigen Fall waren die größten Betriebe die rentabelsten. Das an der Rentabilität gemessene Optimum der Betriebsgröße lag vielmehr stets in der Mitte, bald mehr bei den mittleren, bald mehr bei den kleineren Betriebsgrößen. Dabei ist zu berücksichtigen, daß durch die öffentliche Meinung, die Banken, den Steuerfiskus, und auf mannigfache sonstige Weise, die Großbetriebe ganz einseitig bevorzugt wurden. Ohne diese künstliche Bevorzugung auf Grund eines unberechtigten Vorurteils wäre das Auseinanderfallen von Optimum und Maximum der Betriebsgröße zweifellos noch schärfer in Erscheinung getreten. Für den Fachmann war das Ergebnis keine Überraschung, nur daß es der gute Ton verbot, über solche Dinge öffentlich zu reden. „De multiples indices s’accumulent ainsi autour de nous pour nous montrer, sous diverses formes, la supériorité des unités des petite dimension sur le grandes concentrations.“ Hyacinthe Dubreuil: „La fin des monstres“, Paris 1938, p. 131. Der gleiche Standpunkt wird in höchst wirkungsvoller Weise vertreten in dem vortrefflichen Aufsatz von S. R. Dennison: The Problem of Bigness, The Cambridge Journal, Nov. 1947.

Produktionszweige das Optimum der Produktivität weit überschritten – wieviel mehr dann erst ein Gesamtkonzern aller Unternehmungen einer Volkswirtschaft!

Die Gründe für diese geringere Produktivität der Planwirtschaft gegenüber der Marktwirtschaft können hier, nicht im einzelnen analysiert werden. Ein allgemeiner anthropologischer Hauptgrund wurde schon erwähnt, die Tatsache nämlich, daß die Marktwirtschaft den Eigennutz als ungebremste Antriebskraft benutzen kann, während die Planwirtschaft ihn fortwährend bekämpfen muß.[25] Die fortwährenden Prozesse und Hinrichtungen in Sowjetrußland wegen wirtschaftlicher „Korruption" und „Sabotage" illustrieren diese These. Ein weiterer gleichfalls anthropologischer Grund liegt darin, daß die Leistungsfähigkeit auch des begabtesten Menschen eine obere Grenze hat, die eben schon bei den Leitern der spätkapitalistischen Mammutkonzerne offensichtlich überschritten war.

Bei den Versuchen, einer ernsthaften wirtschaftswissenschaftlichen Vertretung der Planwirtschaft ist ein typischer Hergang der folgende: Die ökonomische Theorie hat nachgewiesen, daß bei vollständigem Wettbewerb das Maximum bestimmter volkswirtschaftlich erwünschter Wirkungen automatisch erzielt wird. Unter Anerkennung dieses Nachweises wird nun von sozialistischer oder prosozialistischer Seite der Beweis geführt, und zwar oft mit anerkennenswertem Scharfsinn, daß für den zentralen Leiter einer Planwirtschaft

25 (23a) Übrigens handelt es sich bei diesem „Eigennutz" gegen den die Planwirtschaft in einem unvermeidlichen

die objektive wirtschaftstechnische Möglichkeit besteht, das Vorbild der Marktwirtschaft nachzuahmen und dadurch seinerseits die gleiche Wirkung zu erzielen. Auf diese Weise glaubt man bewiesen zu haben, daß die Planwirtschaft an Rationalität der Marktwirtschaft ebenbürtig sei.

Nun ist es zunächst einmal bezeichnend, in welchem Maße sich der Sozialismus hier aus dem Angriff auf die Verteidigung zurückgezogen hat, und mit welcher Selbstverständlichkeit er den Automatismus der Marktwirtschaft als den Maßstab höchster wirtschaftlicher Rationalität anerkennt.[26] Aber auch dieses bescheidene Ziel der Verteidigung kann nicht als erreicht, dieser versuchte Nachweis des „Ich auch" nicht als gelungen anerkannt werden. Denn was nachgewiesen werden müßte, wäre nicht nur die objektive, sondern auch die subjektive Möglichkeit. Das Vorhandensein einer wirtschaftstechnischen Möglichkeit beweist doch nur, daß der Planwirtschaftsdiktator von ihr Gebrauch machen könnte, wenn er wollte. Aber kann er es wollen? Das verschiebt die Frage auf das praktisch entscheidende Gebiet der Politik, in deren Kraftfeld sich ja

---

Kampf liegt, keineswegs nur um nackten Individualegoismus, sondern ebensosehr auch um die pflichtgemäße Sorge für die eigene Familie, die eigenen Angehörigen.

26 (24) Vgl. Walter Eucken: On the Theory of the Centrally Administered Economy, Economica, London August 1948, p. 192: „From the point of view of the history of ideas it is of interest that the socialist movement which started from a criticism of competition at the beginning of the last century, is today itself proposing to establish a competitive mechanism."

das Handeln des Diktators bewegt.[27] Und hier zeigt nun Erfahrung in gleicher Weise wie soziologische Überlegung, daß der Diktator weit davon entfernt ist, solche Handlungsfreiheit zu besitzen. Er steht in einem täglichen Machtkampf um seine politische Existenz, an der in der Regel sogar seine physische Existenz hängt, und dieser Existenzkampf, dieser struggle for life, legt ihm fortwährend gebieterische Notwendigkeiten auf, die mit wirtschaftstheoretischen Finessen auch nicht das geringste zu tun haben, und die nach völlig anderen Zielen ausgerichtet sind, als dem der maximalen ökonomischen Rationalität. Das Maximum, nach dem allein er strebt und bei Todesstrafe sterben muß, ist das Maximum der politischen Macht, das Gesetzen völlig anderer Art und anderen Kalibers unterliegt als denen der ökonomischen Theorie. Erst als Mittel zum Zweck, erst bei der weiteren Verfolgung der wirtschaftlichen Konsequenzen seiner Machtkampfziele, kommt, neben vielem anderen ebenso wichtigem oder wichtigerem, auch die wirtschaftliche Rationalität untergeordnet und supplementär mit ins Spiel, insofern als, wenn mehrere wirtschaftliche Möglichkeiten zur Wahl stehen, die relativ rationellere den Vorzug erhalten wird, wobei jedoch nichts für die Annahme spricht, daß das Maximum ökonomischer Rationalität sich unter diesen praktisch zur Wahl stehenden Möglichkeiten befinden könnte.

Außerdem wird hierbei ja stillschweigend das Vorhandensein und die Benutzbarkeit eines Maß-

27 (25) Vgl. S. 120 und meine inzwischen erschienene Besprechung von Walter Adolf Jöhr: Ist ein freiheitlicher Sozialismus möglich? Revue de l'Université d'Istanbul 1949.

stabes vorausgesetzt, an dem die wirtschaftliche Rationalität gemessen werden kann. Diese Voraussetzung ist aber höchst kontrovers. Die wirtschaftstheoretische Diskussion darüber, ob innerhalb einer zentralgeleiteten Planwirtschaft, ohne die vom Markt immer wieder gelieferten Preisdaten, eine rationale Wirtschaftsrechnung überhaupt möglich sei, ist von beiden Seiten mit erheblichem intellektuellem Aufwand geführt worden. Und dabei führt die theoretische Bejahung der Frage praktisch fast zu dem gleichen negativen Ergebnis wie ihre Verneinung, da auch diejenigen, die zu einer bejahenden Entscheidung gelangen, die Entscheidung, explizit oder implizit, an Bedingungen knüpfen, die in Wirklichkeit so schwer erfüllbar sind, daß es einer praktischen Unmöglichkeit gleichkommt.

Dies führt bereits auf die Frage, woran denn eigentlich die Produktivität einer reinen Planwirtschaft, einer total zentralgeleiteten Volkswirtschaft, in sich selber gemessen werden soll? Da jede Wirtschaft dazu da ist, die Bedürfnisse der Menschen zu befriedigen, so würde es sich also darum handeln, festzustellen, in welchem Maße ihr die Befriedigung dieser Bedürfnisse gelingt, wozu aber zuvor diese Bedürfnisse selbst festgestellt werden müßten. Das ist in der Marktwirtschaft kein Problem, da es die Marktnachfrage selber ist, die fortwährend diesen Bedürfnissen unmittelbaren und authentischen Ausdruck gibt, und diese Äußerung der Bedürfnisse in Form der Nachfrage reguliert zugleich in wirksamster Weise die Produktion. In der Planwirtschaft dagegen fehlt den – fortwährend wechselnden – Bedürfnissen jede Möglichkeit, sich laufend in unmittelbarer und wirksamer Weise zu äußern. Gelegentliche statistische Erhebungen mit Hilfe von Fragebogen usw., gelegentliche Eingaben oder Beschwerden sind ein völlig unzulänglicher Ersatz. Tatsächlich kommt es in der Planwirtschaft letzten Endes darauf hinaus, daß, wie alles im Totalitarismus, eben auch der Konsum kommandiert wird: man bekommt das, was einem auf Grund der zentralen Planentscheidungen, abzüglich der Ausfälle, Irrtümer und Unterschlagungen bei ihrer Durchführung, zugeteilt wird, und muß froh sein, wenn man überhaupt etwas bekommt.

Einen Fall gibt es allerdings, in dem zentralgeleitete Wirtschaft überlegen ist – das ist der Kriegsfall. Im Kriegsfall hat es nämlich die Wirtschaft im wesentlichen nur noch mit einem einzigen allmächtigen Konsumenten und Abnehmer zu tun, hinter dem alles andere völlig zurücktritt: der Armee. Und dieser Abnehmer zahlt jeden beliebigen Preis, ja, fragt im Grunde überhaupt nicht nach Preisen. Zugleich ist in der Regel die Einfuhr unterbunden, die Wirtschaft also auf ihre eigenen knappen Kräfte und Quellen angewiesen, bei gleichzeitiger drastischer Verminderung der vollwertigen Arbeitskräfte durch die Mobilisierung, so daß in allen Richtungen straff rationiert werden muß. Diese völlig abnormale Situation und die Monopolstellung des alleinigen Abnehmers, der die Rangordnung seiner Bedürfnisse mit aller Eindeutigkeit diktiert, macht eine einheitliche Organisation auch auf der Produktionsseite zur eindeutigen Notwendigkeit.

Trotzdem wäre es ein Fehlschluß, wenn man daraus etwa folgern wollte, im Kriegsfalle werde also diejenige Wirtschaft, die überlegene sein, die schon im Frieden in kriegsmäßiger Organisationsform gearbeitet habe. Wir haben vielmehr im Zweiten Weltkrieg erlebt, daß die rein „kapitalistische", in keiner Weise auf den Krieg vorbereitete amerikanische Wirtschaft sich weit schneller und unvergleichlich viel wirksamer auf den Krieg umstellen konnte als die russische Wirtschaft, die sich seit Jahrzehnten unter schwersten Opfern der Konsumenten auf den Krieg vorbereitet hatte.

Ein weiterer schwerer Irrtum wäre es, anzunehmen, daß auch nur für den Kriegsfall selbst das Maximum an zentraler Leitung mit dem Optimum identisch wäre. Vielmehr hat die Kriegswirtschaft der beiden angelsächsischen Länder, die sich mit dem unvermeidlichen Mindestmaß an zentraler Leitung begnügte, bei weitem am besten funktioniert und Spitzenleistungen zuwege gebracht, während umgekehrt die deutsche Kriegswirtschaft und Kriegsorganisation um so schlechter funktionierte, je straffer im Laufe des Krieges die Zügel der zentralen Leitung angezogen wurden. „Die straffe Wirtschaftslenkung des Hitlerstaates hat die Entscheidung über die großen technischen Probleme in die Hände höchst mittelmäßiger technischer Beamter und technischer Halblaien im Generalstab gelegt. Den Erfindergeist und die Initiative der Konstrukteure hat sie gelähmt." „Technik, Nachschub und Versorgung galten als zweitklassige Aufgaben, ... Werte von mehreren Milliarden Reichsmark waren den Händen mittelmäßiger, wenn nicht unfähiger Offiziere, Ingenieure und

Beamter anvertraut." „Der Dilettantismus hatte geherrscht und versagt".[28]

Im übrigen aber soll hier einmal ausdrücklich folgendes gesagt sein: Selbst wenn die Planwirtschaft der Marktwirtschaft an Produktivität tatsächlich so überlegen wäre, wie sie ihr in Wirklichkeit unterlegen ist, so würde das noch keineswegs für die Planwirtschaft entscheiden. Denn der Mensch lebt nicht von Brot allein, und wer nicht bereit sein würde, für die Freiheit, wenn nötig, auch materielle Opfer zu bringen, der ist ihrer nicht wert.

---

28 (26) So das Urteil eines ebenso kompetenten wie besonnenen Beurteilers, des Generalleutnants der Luftwaffe H. J. Rieckhoff in seinem äußerst aufschlußreichen Buche: „Trumpf oder Bluff? 12 Jahre deutsche Luftwaffe", Genf 1945, S. 167, 169, 171.

Sibylle Tönnies

Die liberale Kritik des Liberalismus

Zur Aktualität Alexander Rüstows

Der Ordoliberalismus ist mehr als eine Wirtschaftstheorie. Er ist mehr als eine gegen Monopole und Oligopole gewandte Auffassung von machtfreier Marktwirtschaft. Er hebt sich prinzipiell von den herrschenden Konzepten ab, die auf Quietismus hinauslaufen: Er ist auf Aktivität gerichtet, auf eine planvolle Tätigkeit, die Abläufen einen Rahmen setzt. Er baut auf die Fähigkeit des Menschen, aufgrund seiner Vernunft den Dingen eine Richtung zu geben, die auf das Allgemeinwohl zielt. Insofern ist er im weitesten Sinne aufklärerisch.

Die Tatsache, daß der Ordoliberalismus, wie schon der Name sagt, „liberal" ist, steht dem nicht entgegen. Denn wenn der Ordoliberalismus auch auf die selbsttätigen Wirkungen des freien Spiels von Angebot und Nachfrage setzt, betont er doch, daß dieses freie Spiel seine Bedingungen hat, die durch vernünftiges Eingreifen erst hergestellt werden müssen. Allein gelassen, führt dieses Spiel zu Verklumpungen und Machtballungen, in denen sich Angebot und Nachfrage nicht mehr frei gegenüberstehen. Die wirtschaftliche Agglomeration hat zur Folge, daß der Staat in die Abhängigkeit der Wirtschaft gerät und sich ihr unterordnet. Nach Auffassung des Ordoliberalismus aber soll das Verhältnis umgekehrt sein: Der Staat setzt der Wirtschaft die Rahmenbedingungen, unter denen eine dem Allgemeinwohl dienende Konkurrenz ihre wohltätigen Wirkungen entfalten kann.

Diese Auffassung ist im gegenwärtigen Zeitgeist ein erratischer Block. Denn dieser Geist hat sich ganz der Selbsttätigkeit und Selbstregulierung verschrieben. Auf abstraktester Ebene huldigt die Systemtheorie der angeblichen Automatik der Abläufe. In der Wirtschaftstheorie drückt sie sich in dem Konzept Hayeks aus, das eine Art Wirtschaftsdarwinismus darstellt: „The Survival of the Fittest" ist das Programm, und „the fittest" ist der Größte. Der Kleine mag untergehen. Diese Freiheit ist „die Freiheit des Fuchses im freien Hühnerstall" – wie Roger Garaudy sich einmal ausdrückte. Der Ordoliberalismus hingegen duldet keinen Fuchs im Hühnerstall. Er erwartet vom Staat, daß er feste, die Kleinen schützende Rahmenbedingungen setzt. Nur innerhalb dieser Grenzen haben die selbsttätigen Kräfte freien Raum.

Rüstow, der Aufklärer

Bei keinem Ordoliberalen geht die auf planende Aktivität setzende Grundhaltung so deutlich über die Konzeption einer besseren Wirtschaftsordnung hinaus wie bei Alexander Rüstow. Er war von Haus aus kein Ökonom, sondern Altphilologe. Seine geistige Heimat war die griechische Antike. Seine Beschäftigung mit dem Griechentum hat Rüstow mit einer Freiheitsliebe ausgestattet, die dazu führte, daß er sein ganzes Werk der Darstellung des Kampfes zwischen Freiheit und – wie er sich ausdrückte – „Überlagerung“ widmete. Die Überwucherung der Wirtschaft und letztlich des Staates durch die Monopole und Oligopole war für Rüstow nur die in unserer Zeit aktuelle Form jahrtausendealter Überlagerung.

Sein dreibändiges Hauptwerk heißt „Ortsbestimmung der Gegenwart“ – ein schlechter Titel, weil er insinuiert, daß es um die Probleme der Jahrhundertmitte ginge, in der es entstanden ist. Tatsächlich handelt es sich um eine Kulturgeschichte der Freiheit von den Anfängen bis heute, und als sein Sohn Dankwart A. Rustow eine amerikanische Kurzfassung des Werkes herausgab, fand er den passenderen Titel „Freedom and Domination“.

Wenn man die der Aufklärung zuzurechnende Grundhaltung des Ordoliberalismus, seinen auf Veränderung gerichteten Schwung erfassen will, muß man Rüstow lesen. Gleichgültig, wie man über Monopole und Kartelle denkt: Man erfaßt, wenn man sich von Rüstow anstecken läßt, den gegenwärtigen Zeitgeist in seiner Passivität, Lethargie und Fauligkeit. Natürlich hat sich dieser Geist nicht explizit unter die Fahne dieser Begriffe gestellt – er verwendet zur Rechtfertigung seiner Untüchtigkeit Begriffe wie Selbstregulierung, Selbstreflexivität und Autopoiesis. Er kennt keine Subjekte, die planvoll in außerhalb ihrer selbst liegende Zusammenhänge eingreifen, sondern nur das unendliche Zusammenspiel auf Selbsterhaltung ausgerichteter Systeme. Die Benennung von Roß und Reiter, die Kennzeichnung absichtsvoll agierender Individuen oder Gruppen ist ihm fremd.

Damit unterscheidet er sich grundsätzlich vom Geist der Aufklärung, dem sich Alexander Rüstow verschrieben hat. Wenn diese Epoche von Kant als die Befreiung des Menschen aus seiner selbstverschuldeten Unmündigkeit bezeichnet wurde, dann ist eine solche Epoche wieder fällig. Denn die auf Selbstregulierung setzende, den handelnden Menschen ignorierende herrschende Auffassung ist eine neue, selbstverschuldete Unmündigkeit, die so abergläubisch ist wie das Mittelalter, von dem Kant die Aufklärung abhebt. Der jetzige Aberglaube bezieht sich auf die systemische Selbstregulierung, die einen menschlichen Eingriff verbietet.

Er ist der Aufklärung ebenso kraß entgegengesetzt wie der Geist der Romantik, der ihr ein Ende bereitete. Denn die Aufklärung wurde dadurch besiegt, daß ihr – jedenfalls in Deutschland – eine Vorstellung entgegentrat, die menschliches Handeln für einen gefährlichen künstlichen Eingriff in organisch-selbsttätiges, quasi naturhaftes Wirken hielt.

Wenn man versucht, den Charakter der Aufklärung so abstrakt wie möglich zu fassen, so ist es ihre Vorstellung, daß Abläufe nicht endogen, sondern exogen gesteuert sind. In einer auf die Geschichtsbetrachtung bezogenen überspitzten Form findet sich diese Vorstellung in Rüstows Konzept von Überlagerung. Wir werden noch sehen, wie sich dieses Motiv – die Weigerung, in den Abläufen Selbstläufigkeit anzunehmen, die Neigung, aktives, bewußtes Handeln entweder aufzuspüren oder zu fordern – als rotes Band durch sein Werk zieht.

Um Rüstow als Mann der Aufklärung zu verstehen, hört man sich am besten die Worte an, die er über Lessing gesagt hat. Nach Rüstows Ansicht erreichte die deutsche Aufklärung in Gotthold Ephraim Lessing „ihren Höhepunkt und ihre abschließende Verkörperung“: „Die deutsche Erbkrankheit chaotischer Dumpfheit und brütender Formlosigkeit scheint hier einmal restlos überwunden. Nie seit dem griechischen Altertum ist ein Geist der Welt mit mehr männlicher Sicherheit, freier Heiterkeit und

Klarheit, streitbarer Versöhnlichkeit gegenübergetreten, dazu eine unerschöpfliche Vitalität und geistige Sprungbereitschaft, eine hinreißende Jungshaftigkeit."[1] Mit diesen Eigenschaften war auch Rüstow ausgestattet.

Rüstows Leben

Befassen wir uns mit Rüstows Biographie (und lassen wir uns dabei von Kathrin Meier-Rust leiten[2]): Alexander Rüstow wurde 1885 in ein von preußischem Militär und protestantischem Pietismus geprägtes Elternhaus geboren. Sein Vater war General. Sowohl dem Preußentum als auch dem Protestantismus hat Rüstow sich später aufs schärfste entgegengestellt – was nichts daran ändert, daß beide Einflüsse in seinem Werk spürbar sind. Im Guten, denn sowohl die preußische Disziplin und Staatsbezogenheit als auch die pietistische Religiosität enthalten Elemente, die sich, geläutert und am richtigen Platz, günstig auswirken können.

Aufgrund der wechselnden Orte, an denen sein Vater stationiert war, läßt sich Rüstows Jugend nicht geographisch festlegen. 1903 machte

1 Alexander Rüstow: Ortsbestimmung der Gegenwart, Bd. 2, 2. Aufl., Erlenbach-Zürich 1963, S. 346.

2 Kathrin Meier-Rust: Alexander Rüstow. Geschichtsdeutung und liberales Engagement: Stuttgart 1993 – eine ausgezeichnete: wenn auch wegen ihrer Skepsis gegenüber großen gedanklichen Linien dem Autor nicht kongeniale Monographie.

er in Berlin Abitur. Sein Studium legte er denkbar breit an: Mathematik, Physik, klassische Philologie, Philosophie, Nationalökonomie und Jurisprudenz. Er promovierte bei Paul Hensel in Erlangen über ein Thema, das seine logischen mit seinen altphilologischen Interessen verband: „Der Lügner" ist eine Arbeit über das kretische Paradoxon. Bis 1914 arbeitete er im Teubner-Verlag, der klassische Texte herausgab. Im ersten Weltkrieg diente Rüstow als Leutnant und erwarb hohe Auszeichnungen. Der Krieg riß ihn – wie so viele seiner Generation – aus seinem tradi tionellen Weltbild, und er kehrte, wie er selbst sagte, „als radikaler Sozialist und Marxist" zurück.

Entscheidenden Einfluß auf sein Werk nahm Franz Oppenheimer, der Soziologe und Nationalökonom, der ursprünglich Arzt gewesen und in Ostpreußen mit dem Elend der Landarbeiter vertraut geworden war. Wie Oppenheimer verwendete Rüstow den Begriff „Überlagerung", mit dem eine nicht auf endogener Entfaltung, sondern auf exogener Machtausübung beruhende Gesellschaftsstruktur bezeichnet ist. In Deutschland, wo man seit der Romantik geneigt ist, Veränderungen als selbsttätig organische Entwicklungen anzusehen, war und blieb Oppenheimer ein Außenseiter. Seine exogene Staatstheorie, welche die Staatsbildung als Folge gewaltsamer Eroberung von außen ansieht, wurde durch Rüstows „Ortsbestimmung der

Gegenwart" zu ihrem Höhepunkt gebracht. Die Betonung dieses Elements drückt den schon bezeichneten Grundzug in Rüstows Denken aus: sein ausgeprägtes Bewußtsein für den Faktor des aktiven, subjektgeleiteten Handelns.

Oppenheimer bereitete Rüstow insofern auf den Ordoliberalismus vor, als er in seinem Kampf gegen die Ausbeutung der Landarbeiter und die Landflucht den Großgrundbesitz im Visier hatte. Er sah ihn als die Wurzel allen Übels an und kämpfte für die Umverteilung des Bodenbesitzes. Unter diesem Einfluß konnte sich Rüstows Neigung zu der (später von Fritz Schumacher so genannten) Maxime „Small is beautiful" entwickeln, die im Gegensatz zur sozialistischen Wirtschaftsauffassung stand.

Zunehmend stellte Rüstow fest, daß er im Sozialismus nur die Ideale, nicht aber den Weg, auf dem sie zu verwirklichen waren, finden konnte. Als er 1919 Referent für Allgemeine Wirtschaftsfragen im Reichswirtschaftsministerium wurde, unterstützte er nicht die Bestrebungen nach einer sozialistischen Planwirtschaft, sondern die Bemühungen, Kartelle und Monopole zu verhindern. Rüstow war einer der Väter der deutschen Kartellverordnung von 1923. Über die mangelnde Fähigkeit des Weimarer Staates, sie durchzusetzen, machte er sich aber keine Illusionen. Denn er lernte in seiner Tätigkeit die Erscheinung kennen, die damals (mit Carl Schmitt) „Pluralismus" genannt wurde: „den Ansturm der Interessenhaufen" auf den Staat. „Jeder Interessent reißt sich ein Stück Staatsmacht heraus und schlachtet es für seine Zwecke aus." Auf diese Weise sei der Staat nicht mehr „Subjekt, sondern leidendes Objekt"[3]. Carl Schmitt hatte das Phänomen unter dem Stichwort „Staat als Beute" beschrieben. Anders als dieser sah Rüstow die Rettung aber nicht in der Diktatur, sondern in der Entflechtung wirtschaftlicher Macht, für die er sein Leben lang kämpfte.

1924 wurde Rüstow im Rahmen einer Personalabbau-Verordnung gekündigt. Rüstow ging daraufhin in die Wirtschaft. Bis zu seiner Emigration 1933 leitete er die wirtschaftspolitische Abteilung des Dachverbandes deutscher Maschinenbauunternehmen. Er setzte seine Tätigkeit im Reichskartellamt aber insofern fort, als er im Dienste dieses Verbandes relativ kleiner Unternehmen gegen die „oligopolistischen und protektionistischen Kräfte in der Kohle- und Stahlindustrie und darüber hinaus in der

3 Alexander Rüstow: Freie Wirtschaft – Starker Staat (Die staatspolitischen Voraussetzungen des wirtschaftspolitischen Liberalismus). In: Franz Boese (Hrsg.), Deutschland und die Weltkrise, Schriften des Vereins für Socialpolitik Bd. 187, Dresden 1932, S. 62–69; ferner unter dem Titel: Interessenpolitik oder Staatspolitik? In: Der Deutsche Volkswirt Bd. 7, Nr. 6, Berlin 1932, S. 169–172, sowie unter dem Titel: Die staatspolitischen Voraussetzungen des wirtschaftspolitischen Liberalismus. In: Walter Hoch (Hrsg.), Rede und Antwort, Ludwigsburg 1963, S. 249–258.

Großindustrie überhaupt sowie bei den Junkern und anderen protektionistischen Agrariern"[4] kämpfte. Aber er stand jetzt auf der Unternehmerseite. Er wurde zu einem Liberalen, der sich für die Interessen des Mittelstands einsetzte.

Diese Entwicklung führte zu heftigen Diskussionen unter seinen politischen Freunden, die sich 1920 als „Kairos-Kreis" zusammengefunden hatten. Zu ihnen gehörten Paul Tillich, Adolf Löwe und Eduard Heimann. Der gemeinsame Ausgangspunkt war ein „religiöser Sozialismus", von dem Rüstow sich immer mehr entfernte. Vollends unvereinbar wurden die Positionen, als Alexander Rüstow 1932 seine berühmt gewordene Rede vor dem Verein für Socialpolitik hielt. In dieser Zeit hatte sich Rüstow schon dem Kreis um Walter Eucken angeschlossen, der seit 1928 den Lehrstuhl für Nationalökonomie in Freiburg innehatte. Um ihn herum gruppierte sich neben Wilhelm Röpke der Jurist Hans Großmann-Dörth und der Kartellrechtler Franz Böhm. So entstand der Ordoliberalismus, in dessen Geist Rüstows Rede zum Thema „Freie Wirtschaft – Starker Staat"[5] stand.

In dieser in Dresden gehaltenen Rede führte Rüstow aus, „daß die gegenwärtige deutsche

4 Dankwart A. Rustow: Alexander Rüstow. Eine biographische Skizze. In: Mario Rainer Lepsius (Hrsg.), Soziologie in Deutschland und Österreich 1918–1945, Opladen 1981, S. 371.

5 Alexander Rüstow: Freie Wirtschaft – Starker Staat, a. a. O.

Krise zu einem erheblichen Teil durch Interventionismus und Subventionismus der öffentlichen Hand verursacht" sei, und kritisierte, daß der Staat die Störungen des Wirtschaftslebens nicht aktiv, sondern lediglich „reaktiv" behebe; er handle „reaktionär" im wörtlichen wie im geläufigen Sinne. Demgegenüber forderte Rüstow „einen starken Staat, der über den Gruppen, über den Interessenten steht, einen Staat, der sich aus der Verstrickung mit den Wirtschaftsinteressen [...] wieder herauslöst". Rüstows Rede gilt ebenso wie Walter Euckens im selben Jahr erschienener Aufsatz „Staatliche Strukturwandlungen und die Krisis des Kapitalismus" als Manifest des Ordoliberalismus.

Im Kairos-Kreis stieß „der rednerische Erfolg in Dresden" auf Befremden. Löwe schrieb an Rüstow, seine „Fiktion eines über den Parteien stehenden Staates" sei ein „Rückfall in den deutschen Idealismus"; Eduard Heimann warf ihm vor, er habe sich mit dieser „reinen Staatsmystik" endgültig von seinen „geistigen Wurzeln" abgeschnitten. Dennoch blieb Rüstow den alten Freunden verbunden. Ihr soziales Engagement hielt sie zusammen. Bis zu seinem Tod stand Rüstows Arbeit im Dienste der Parteinahme für die sozial Schwachen. Ihm ging es um die Verbesserung der „Vitalsituation" (ein von ihm geschaffener Ausdruck) der Massen. Insofern blieb Rüstow immer – manchmal auch explizit – dem sozialistischen Ideal verbunden.

Die 1932 in Dresden gehaltene Rede konnte keine praktischen Wirkungen mehr haben. „Wirtschaftspolitisch schließt das Jahr vor einem sich rapid und bedrohlich verdüsternden Horizont“, schrieb Rüstow am 30. Dezember 1932.[6] Im Frühjahr 1933 nahm die Gestapo bei ihm eine Hausdurchsuchung vor, und damit stand für ihn fest, daß er in der „Stickluft“, die ihm in dem „von Hitler überlagerten Deutschland den Atem verschlug“,[7] nicht leben wollte. Im Sommer 1933 reiste er in die Schweiz und bereitete seine Emigration vor. Er wandte sich an die „Notgemeinschaft deutscher Wissenschaftler im Ausland“, die im Auftrag von Kemal Atatürk Akademiker zum Aufbau der türkischen Universitäten anwarb, und wurde ebenso wie sein Freund Wilhelm Röpke nach Istanbul vermittelt. Im Dezember 1933 wanderte Rüstow, nachdem er in dritter Ehe die Gräfin Lorena Vitzthum geheiratet hatte, mit dieser zusammen aus. Im türkischen Exil verbrachte er sechzehn Jahre, „in relativer Isolation in dem herrlichen Arbeitszimmer mit den im Halbrund angeordneten Fenstern in Kadiköy, vom alten Istanbul aus jenseits des Eingangs zum Marmarameer“[8].

---

6 In einem Brief an Demuth, Nachlaß Alexander Rüstow, Bundesarchiv Koblenz, Bd. 1.

7 Alexander Rüstow: Vorwort zu: Ortsbestimmung der Gegenwart, Bd. 1, Erlenbach-Zürich 1950, S. 9.

8 Dankwart A. Rustow: a. a. O., S. 372.

Auch hier stand Rüstow in Dienste des Antifaschismus. Er vermittelte zwischen dem US-Militär und dem deutschen Widerstand, namentlich dem in die Türkei gereisten Graf Helmuth J. von Moltke – leider vergeblich, denn die amerikanische Seite konnte kein Vertrauen gewinnen. So scheiterten Verhandlungen, die nach Rüstows Ansicht „im Falle ihres Gelingens den Gang der Weltgeschichte wesentlich verändert haben würden“[9].

Der Kontakt zum Freiburger Kreis ging nicht verloren. Rüstow pflegte einen lebhaften Briefwechsel mit Walter Eucken und, nachdem dieser 1937 nach Genf gegangen war, mit Wilhelm Röpke. 1938 nahm Rüstow ebenso wie diese beiden am „Colloque Walter Lippmann“ in Paris teil. Er stellte hier seine Theorie einer „subtheologischen Befangenheit“ des klassischen Liberalismus vor. (In der Absicht, sie im September 1939 in Genf vorzutragen, faßte er sie in dem englisch geschriebenen Aufsatz zusammen, der in diesem Band unter dem Titel „Die Religion der Marktwirtschaft“ in deutscher Sprache abgedruckt ist. Er baute sie später in seiner Schrift über „Das Versagen des Wirtschaftsliberalismus als religionsgeschichtliches Problem“[10] aus.)

9 Brief an Gerhard Colm, Nachlaß A. Rüstow, Bd. 32.
10 Alexander Rüstow: Das Versagen des Wirtschaftsliberalismus als religionsgeschichtliches Problem, Istanbul 1945; 2. Aufl., Das Versagen des Wirtschaftsliberalismus, Bad Godesberg 1950, 3. Auflage, Frank P. Maier-

Dem Vertrauen in die Allmacht des Marktautomatismus, behauptet Rüstow, liege Adam Smiths unberechtigtes Gottvertrauen zugrunde, und auf subtile Weise führt er das in den verschiedensten Gestalten auftretende Motiv des Glaubens an selbsttätige Kräfte durch die Zeiten und Kulturen.

Bei dem Pariser Treffen kam es zu einem Zusammenstoß mit Friedrich von Hayek, der bis heute der wesentliche Antagonist eines richtig verstandenen Ordoliberalismus ist. Später, in einem Brief an Röpke, bedauerte Rüstow, daß durch die „kompromißliche Schlußresolution der Schein der Einheit mühsam aufrechterhalten wurde, wo in Wirklichkeit der schärfste und fruchtbarste subkonträre Gegensatz vorlag."[11]

Der erzwungenen Isolation in Istanbul verdankte Rüstow die Ruhe, die er für sein großes Werk, die „Ortsbestimmung der Gegenwart", brauchte. Es ist unbegreiflich, daß diese Kulturgeschichte, die durch ihren mitreißenden Schwung ein großartiges Lesevergnügen bereitet, schon seit Jahrzehnten vergriffen ist. Denn hier erweist sich Rüstow als Universalgenie.

Als die Luft in Deutschland wieder rein war, kam Rüstow zurück. Nach einer Gastprofessur in Heidelberg 1949 wurde er 1950 als Nach-

---

Rigaud/Gerhard Maier-Rigaud (Hrsg.): Alexander Rüstow: Das Versagen des Wirtschaftsliberalismus – Das neoliberale Projekt, Marburg 2001.

11 Nachlaß A. Rüstow, Bd. 7.

folger Alfred Webers auf den Lehrstuhl für Sozial- und Wirtschaftswissenschaften berufen, 1953 emeritiert und bis 1956 mit der Vertretung eines Lehrstuhls beauftragt. Die Nachkriegszeit gab ihm die Möglichkeit, seine Ideen im Wiederaufbau des deutschen Staates zur Geltung zu bringen. Unter dem Präsidium Friedrich von Hayeks und zusammen mit Walter Eucken und Wilhelm Röpke wirkte Rüstow in der „Mont Pèlerin Society" und gehörte zu den Begründern der „Aktionsgemeinschaft Soziale Marktwirtschaft", eines Vereins, der sich um die Verbreitung der ordoliberalen Idee der sozialen Marktwirtschaft bemühte.

Der Begriff der sozialen Marktwirtschaft, der von Müller-Armack stammt und durch von Hayek abgelehnt wurde, spielt bei Rüstow eine zentrale Rolle. Er forderte, das Wort „sozial" solle dick rot unterstrichen werden und dürfe keineswegs nur zu einem neuen Etikett für die altbekannte Laissez-faire-Wirtschaftsform verkommen.[12] Er sah aber schon kommen, daß diese Forderung unerfüllt bleiben würde.

Dabei ging es ihm nicht um den Wohlfahrtsstaat. Sozialfürsorge hielt Rüstow für ein Übel, allerdings ein ebenso notwendiges wie unvermeidliches, das in engen Grenzen zu halten sei.

12 Alexander Rüstow: Wirtschaftsethische Probleme der sozialen Marktwirtschaft. In: Patrick M. Boarman (Hrsg.), Der Christ und die soziale Marktwirtschaft, Stuttgart 1955, S. 73.

Zum Beispiel lehnte er das nach dem Gießkannenprinzip verteilte Familien- und Kindergeld als einen „nicht zu verantwortenden Angriff auf den innersten Kern des Wesenszusammenhangs der Familie selber“ ab. Er forderte eine Sozialpolitik, die auf die Eigenverantwortung des Bürgers baut und ihre Mittel nur in Notfällen einsetzt. Er bekannte sich zum Subsidiaritätsprinzip, für das die staatliche Hilfe an letzter Stelle steht.

So wenig Rüstow also von staatsinterventionistischer Kompensation hielt, so radikal war seine Forderung nach einer „Startgerechtigkeit“ – nach Chancengleichheit also. Da er die „Gerechtigkeitsforderung des Sozialismus“ immer für „absolut gerechtfertigt“ hielt,[13] vertrat er (in dem in diesem Band unter dem Titel „Der dritte Weg“ wiedergegebenen Text) die bis heute unerhörte und radikale Forderung, das Erbrecht durch eine scharf progressive Erbschaftsteuer fast ganz abzuschaffen. Damit stand er auch unter den Ordoliberalen allein.

Ebenso wie Wilhelm Röpke war Alexander Rüstow besonders soziologisch orientiert. Beide bearbeiteten den Bereich „jenseits von Angebot und Nachfrage“ (Röpke). Helmut Becker beschrieb ihre Position so: „Ihr Leitbild einer natürlichen Ordnung der Gesellschaft beinhaltet im wesentlichen bestimmte konkrete

13 Alexander Rüstow: Wirtschaftsordnung und Staatsform, in: Rede und Antwort, op. cit., S. 246.

gesellschaftliche Mikrostrukturen: eine bürgerliche und bäuerliche, hierarchisch reich gegliederte Ordnung mit einem deglomerierten, klein- und mittelbetrieblichen (mittelständischen) Produktionsaufbau und mit einer dezentralisierten, nicht großstädtischen, ländlichen oder halbländlichen Siedlungsstruktur, bei der das Eigenheim mit Garten als ideale Wohnform gilt."[14]

Diese Zusammenfassung des Rüstowschen Konzepts einer befriedigenden Vitalsituation trifft aber nur die halbe Wahrheit. In dem hier unter dem Titel „Der dritte Weg" abgedruckten Text wird deutlich, daß Rüstows Ideal nicht einseitig vormodern ist. Er würdigt dort in aller Form das Prinzip „Stadt" (siehe S. 72): „Daß die Stadt, im Gegensatz zum statischen Beharren des Bauerntums, das dynamische Element des Fortschrittes verkörpert, gerade das gibt ihr ja ihren Sonderplatz und ihr polares Eigenrecht gegenüber dem Bauerntum." Die Gedanken, die sich Rüstow in diesem Text über die Möglichkeiten einer Humanisierung des Alltagslebens macht, laufen auf eine gesunde Mischung zwischen Stadt- und Landleben hinaus. Besonders aktuell sind dabei seine Überlegungen zur Heimarbeit, welche die Entwicklung von Computer und Internet zwar noch nicht einbeziehen, ihr aber doch gedanklich vorgreifen.

14 Helmut Paul Becker: Die soziale Frage im Neoliberalismus. Analyse und Kritik, Heidelberg 1965, S. 45.

Besitzlosigkeit bezeichnete Rüstow als „sozialpathologische Erscheinung“ und sagte: „Es muß das Ziel jeder Sozialpolitik, jeder Wirtschaftspolitik sein, so vielen Menschen wie möglich Besitz und Eigentum zu verschaffen.“[15] In dieser Forderung drückte sich sein immer mehr hervortretender Antikommunismus aus, der ihn auch in seinen außenpolitischen Vorstellungen leitete. Er bezog für eine radikale Westbindung und rücksichtslose Bekämpfung des Bolschewismus Stellung. Andererseits aber trat er als entschiedener Gegner des Kolonialismus auf und forderte vom Westen Wiedergutmachungsleistungen für die ausgebeutete dritte Welt.

Rüstow war insofern ein echter Ordoliberaler, als er den Anti-Trust-Gedanken nie aus den Augen verlor. Er verstand ihn als Kern der sozialen Marktwirtschaft und sah diese in ihrem Grundansatz dadurch verraten, daß der Adenauer-Staat keine ernsthafte Monopol- und Kartellbekämpfung vornahm. Als nach langem Hin und Her im Jahre 1957 endlich das Gesetz gegen Wettbewerbsbeschränkungen verabschiedet wurde, war Rüstow bitter enttäuscht. Die Wirtschaft hatte sich so erfolgreich in das Gesetzgebungsverfahren eingeschaltet, daß sein Ergebnis nur ein Schatten dessen war, was der Ordoliberalismus verlangt hatte. Statt Mono-

15 Alexander Rüstow: Wirtschaftsethische Probleme der sozialen Marktwirtschaft, a. a. O., S. 68.

pole und Kartelle radikal zu verbieten, sah das Gesetz großzügige Ausnahmeregelungen vor. Weder Fusionskontrolle noch Konzernentflechtung wurden vorgeschrieben. Rüstow faßte das als Diskreditierung des gesamten Programms der sozialen Marktwirtschaft auf und sah „katastrophale Wirkungen“ voraus.[16] Genau wie in der Weimarer Zeit fehlte ihm eine Regierung, die den Mut aufgebracht hätte, „über die Köpfe aller Interessenvertretungen hinweg unmittelbar an das Verantwortungsbewußtsein und an den gesunden Menschenverstand der Wähler zu appellieren“[17].

Rüstow hegte eine besondere Abneigung gegen Konrad Adenauer, den er für die Fehlentwicklung verantwortlich machte. Adenauer war ihm zu sehr Realpolitiker, er vermißte an seiner Regierung „den nötigen Schwung, den nötigen Idealismus und den nötigen Weitblick“[18] und war von Adenauers „Zynismus und Menschenverachtung“ abgestoßen. Er hoffte lange vergeblich auf Adenauers Rücktritt, von dem er einen neuen geistigen Aufschwung erwartete. Er durfte diesen Rücktritt nicht mehr erleben. Drei Monate zuvor, im Juni 1963, starb Rüstow.

Der geistige Aufschwung, der folgen sollte, kam Rüstows Gedanken nicht zugute. Die deut-

16 Ebd., S. 70 f.

17 Alexander Rüstow: Die staatspolitische Krise unserer Gesellschaft, in: Rede und Antwort, op. cit., S. 69.

18 Ebd., S. 65.

schen Intellektuellen nahmen eine Wendung zum Kommunismus vor, den Rüstow ungeachtet – oder auch wegen – seines durchgehaltenen sozialistischen Gerechtigkeitsideals auf das schärfste bekämpft hatte. Als Antikommunist wurde Rüstow in den späten sechziger Jahren nicht einmal mehr wahrgenommen. Der Zeitgeist konsumierte nur noch Literatur, die seiner revolutionären Zielsetzung Ausdruck gab, und verdrängte alle Gedanken, die sich dem nicht unterordneten.

Dadurch trat ein Kulturverlust ein, dessen Dramatik noch nicht genügend wahrgenommen worden ist. Die Köpfe der Intellektuellen wurden mit Theorien und Theoremen aus Schriften vollgestopft, die spätestens seit 1989 Makulatur sind. Doch auch danach wurde kein Anschluß vorgenommen. Statt dessen wandte man sich postmodernen, diskurs- und systemtheoretischen Konzepten zu, die Eintagsfliegen und nicht geeignet sind, die Denkfiguren einer jahrhundertealten abendländischen Diskussion weiterzuführen. Mit Rüstow läßt sich der kulturelle Anschluß an das Abendland wiedergewinnen.

Der gemeinsame Irrtum des Liberalismus und des Sozialismus

Alexander Rüstows Schriften sind gerade für diejenigen, die in ihrer Jugend ihre Hoffnungen in den Sozialismus gelegt und ihn dann enttäuscht fallengelassen haben, die richtige Lektüre. Denn sie zeigen, daß ein resigniertes Laissez-faire nicht die einzige Alternative zu sozialistischer Steuerung ist. Der sozialistische Verbesserungswille ist bei Rüstow erhalten, auch wenn er der Planwirtschaft abgesagt hat. Wie wir sahen, ist Rüstow einen ganz ähnlichen Weg gegangen wie die meisten älteren Intellektuellen unserer Tage (zu denen auch ich mich rechne). Auch sein Ausgangspunkt war ein idealistischer Sozialismus, und wenn er das Ziel einer zentralistischen Planwirtschaft schon früh aufgab, kann man doch davon sprechen, daß seine Grundhaltung Zeit seines Lebens *antikapitalistisch* blieb.

Diese Aussage ist allerdings nur dann richtig, wenn man den Begriff „Kapitalismus" so verwendet, wie Rüstow – unter Berufung auf Walter Eucken[19] – es tat: nicht als Synonym für Marktwirtschaft, sondern für deren monopolistische Entgleisung: „Mit vollstem Recht wehrt man sich dagegen, die Marktwirtschaft der vollständigen Konkurrenz als ‚Kapitalismus' bezeichnen zu lassen – mit vollstem Recht wird betont, daß die ‚kapitalistisch' genannte Wirtschaft des 19. und 20. Jahrhunderts eine schwere pathologische Entartungsform, ja in vielem geradezu das Gegenteil der echten Konkurrenzwirtschaft darstelle. Aber gerade wenn dem so ist, brauchen wir doch dringend einen eigenen unterscheidenden Terminus für diese histori-

19 Walter Eucken: Die Grundlagen der Nationalökonomie, 3. Aufl., Jena 1943, S. 74–78.

sche Entartungsform, und warum also nicht den seit langem international eingebürgerten Terminus ‚Kapitalismus'? Wir unterscheiden dann also von der freien Marktwirtschaft der vollständigen Konkurrenz, wie sie den normalen Gegenstand der liberalen Wirtschaftstheorie bildet, die infolge eines subtheologisch verabsolutierten Laissez-faire entartete subventionistisch-monopolistisch-protektionisch-pluralistische Wirtschaft des 19. und 20. Jahrhunderts, welch letztere wir ‚kapitalistisch' nennen."[20]

Diese Einengung des Begriffs hat bedeutende Wirkungen: „Sobald man diese bereinigende Unterscheidung zwischen der echten Marktwirtschaft der liberalen Wirtschaftstheorie und der entarteten ‚kapitalistischen' Wirtschaft des 19. und 20. Jahrhunderts streng durchführt, kann man die scharfe Kritik des Sozialismus an dieser kapitalistischen Wirtschaft zum weit überwiegenden Teil voll unterschreiben, und darüber hinaus auch die marxistische Grundthese, daß diese ‚kapitalistische' Wirtschaft, weitergetrieben, mit Notwendigkeit zu Kommunismus und Kollektivismus führen müsse. Ja man kann geradezu den Kapitalismus, je später, desto mehr, als einen unbewußten und inkonsequenten Halbkollektivismus wider Willen bezeichnen."[21]

---

20 Alexander Rüstow: Das Versagen des Wirtschaftsliberalismus, op. cit., S. 74 f.

21 Ebd., S. 76.

Rüstow stellte fest,[22] daß sich Marxismus und Vulgärliberalismus in dem Irrtum einig waren, daß sie die Monopolisierungstendenz als notwendige und unvermeidliche Folge der Marktfreiheit ansahen. Auf dieser Grundlage sei es falsch gewesen, wenn die Liberalen die marxistische These bestritten hätten, daß diese Entwicklung letzten Endes zum Kollektivismus führen müsse. Der tatsächliche Fehler habe nicht hier, sondern in der gemeinsamen Prämisse gelegen: in der von beiden Seiten geteilten Überzeugung von der exogen nicht zu beeinflussenden Unvermeidlichkeit der Entwicklung. Während die Liberalen meinten, daß die menschenfeindlichen Auswirkungen der Wirtschaftsfreiheit unvermeidlich seien und man nur wenig tun könne, um ihre schlimmsten Folgen durch soziale Reformen einzudämmen, behaupteten die Sozialisten, daß das liberale System, weil es seiner Natur nach unverbesserlich sei, ganz abgeschafft und ersetzt werden müsse. „Alle waren sich einig, daß ‚aut sit ut est – aut non sit‘ auf die kapitalistische Wirtschaft zutraf. Der einzige Unterschied bestand darin, daß die Liberalen den ersten und die Sozialisten den zweiten Teil der Alternative übernahmen.“ (siehe S. 23 der vorliegenden Publikation).

Rüstow hielt die marxistische Auffassung, daß der Kapitalismus notwendig in eine zentra-

22 Ebd., S. 74.

listische (kollektivistische) Wirtschaft übergehen müsse, auf dieser Grundlage für vollkommen berechtigt: „In der Überzeugung von der Unhaltbarkeit des Kapitalismus und von der Notwendigkeit seiner Überwindung sind wir mit den Marxisten und Sozialisten vollkommen einig und halten mit ihnen den Nachweis, daß der auf die Spitze getriebene Kapitalismus zwangsläufig in Kollektivismus ausmünden müsse, für durchaus gelungen und für eine geniale Leistung ihres Meisters. Das anzuerkennen scheint mir eine Forderung intellektueller Redlichkeit. Wogegen wir uns wenden, das sind die Irrtümer, die Marx vom historischen Liberalismus übernommen hat. Und wenn wir, gemeinsam mit den Sozialisten, den Kapitalismus ablehnen, so erst recht und um so mehr den Kollektivismus als einen auf die äußerste Spitze getriebenen Kapitalismus. Und unser allerschwerster Vorwurf gegen den Kapitalismus ist gerade der, daß er – wie es die Kollektivisten selber lehren – früher oder später unvermeidlich in den Kollektivismus führt."[23]

Den *status controversiae* hat Rüstow deshalb folgendermaßen klargestellt:

1. Vulgärliberalismus wie Marxismus glauben zu Unrecht, daß der Kapitalismus die zwangsläufige ökonomische Folge der Konkurrenzwirtschaft sei.

---

23 Ebd., S. 78.

2. Der Liberalismus bestreitet mit Recht, daß der sozialistische Kollektivismus die zwangsläufig letzte Folge der Konkurrenzwirtschaft sei.
3. Er bestreitet mit Unrecht den vom Marxismus erkannten zwangsläufigen Zusammenhang zwischen Kapitalismus und Kollektivismus.[24]

Theologische Anteile im Liberalismus

Rüstow bezeichnet die Verabsolutierung des Laissez-faire als „subtheologisch" oder „theologisch-metaphysisch". Befassen wir uns mit dieser Kennzeichnung, so stoßen wir auf den Kerngedanken, mit dem Rüstow den Ordoliberalismus bereichert hat. Rüstow stellt fest, daß hinter dem Konzept der Konkurrenzwirtschaft die Vorstellung einer von Gott dem Schöpfer selbst gesetzten unsichtbaren Wirtschaftsverfassung steht, vor der alle unzulänglichen menschlichen Verfassungsversuche zu weichen haben: *cedant deo*. Er weist nach, daß Adam Smith und seine Vorgänger, die Physiokraten, sich in drei metaphysisch gegründete Deszendenzlinien eingeordnet haben: eine pythagoreisch-stoische, eine theologisch-deistische und – besonders überraschend – eine chinesisch-kosmologische.

24 Ebd., S. 74.

Zur Begründung des stoischen Einflusses zitiert Rüstow Adam Smiths Worte: „Die alten Stoiker waren der Meinung, daß wir – da die Welt durch die alles regelnde Vorsehung eines weisen, mächtigen und gütigen Gottes beherrscht werde – jedes einzelne Ereignis als einen notwendigen Teil des Weltplanes betrachten sollen, als etwas, was die Tendenz habe, die allgemeine Ordnung und Glückseligkeit des Ganzen zu fördern: daß darum die Lasten und Torheiten der Menschen einen ebenso notwendigen Teil dieses Planes bilden wie ihre Weisheit und Tugend und daß sie durch jene ewige Kunst, die Gutes aus Bösem schafft, dazu bestimmt seien, in gleicher Weise für das Gedeihen und die Vollendung des großen Systems der Natur zu wirken."[25]

Dazu sagt Rüstow: „Man könnte Adam Smiths Verhältnis zur Stoa geradezu so beschreiben, daß er der stoischen Aufforderung, ‚jedes einzelne Ereignis als einen notwendigen Teil des Weltplanes zu betrachten, als etwas, das (auch bei scheinbar entgegengesetzter Absicht) die Tendenz habe, die allgemeine Ordnung und Glückseligkeit des Ganzen zu fördern' – daß er dieser von ihm selbst in der ‚Theory' so formulierten allgemeinen Aufforderung im ‚Wealth of Nations' für den Bereich der Wirtschaft und die Rolle des individuellen Selbstinteresses in ihr

25 Adam Smith: The Theory of Moral Sentiments, Part I, Section II, Chapter 3, Eckstein (I), S. 47–48.

auf sehr spezielle und detaillierte Weise nachgekommen ist."[26]

Rüstow weist darüber hinaus noch viele Textstellen nach, in denen der metaphysisch-deistische Hintergrund dieser Vorstellung durchleuchtet – besonders deutlich in den Worten aus Adam Smiths „Theory of Moral Sentiments": „Man kann also in gewissem Sinne von uns sagen, daß wir Mitarbeiter der Gottheit sind *(fellow-workers with God)* und daß wir, soweit es in unserer Macht steht, die Pläne der Vorsehung ihrer Verwirklichung näher bringen. Wenn wir anders handeln, dann scheinen wir dagegen den Plan gewissermaßen zu durchkreuzen, den der Schöpfer der Natur zur Herbeiführung der Glückseligkeit und Vollkommenheit der Welt entworfen hat, und scheinen uns, wenn ich so sagen darf, gewissermaßen als Feinde Gottes zu erklären."[27]

Besonders interessant ist, daß Rüstow den asiatischen Einfluß auf den klassischen Liberalismus hervorhebt.[28] Denn wir sind ja gewohnt anzunehmen, daß die zu Handlungsverzicht auffordernden asiatisch-buddhistischen Auffassungen erst jetzt, um die Wende zum einundzwanzigsten Jahrhundert, Eingang in das west-

---

26 Alexander Rüstow: Das Versagen des Wirtschaftsliberalismus, op. cit., S. 18 f.

27 Adam Smith: The Theory of Moral Sentiments, Part II, Chapter 5.

28 Vgl. S. 17f. der vorliegenden Publikation.

liche Denken finden. Rüstow aber kann zeigen, daß sie schon im 18. Jahrhundert in Mode kamen und das Zeitalter beeinflußten. Die Physiokraten bezeichneten Quesnay als „le Confucius de l'Europe“ und ließen die Aufzählung ihrer Heiligen, die mit Quesnay endet, mit Konfuzius beginnen. „Laissez-faire wird durch wu-wei verstärkt“.[29]

Als symbolkräftigen Ausdruck dieser numinosen Zusammenhänge – seien sie stoischer, deistischer oder konfuzianistischer Herkunft – bezeichnet Rüstow die berühmte „unsichtbare Hand“ und zitiert Adam Smiths bekannte, aber immer wieder hörenswerten Worte: „Every individual [...] generally, indeed, neither intends to promote the public interest, nor knows how much he is promoting it. [...] he intends only his own gain, and he is in this, as in many other cases, led by an invisible hand to promote an end which was no part of his intentions.“[30]

In der heutigen Rezeption des klassischen Liberalismus spielt die Tatsache keine Rolle mehr, daß die liberale Theorie der Marktwirtschaft einmal den Charakter eines Erlösungswissens trug. Sie wurde vergessen. Dem gegen-

29 Alexander Rüstow: Das Versagen des Wirtschaftsliberalismus, op. cit., S. 14, mit Hinweis auf eine „demnächst erscheinende Monographie“: E. Schorer-Laforêt, L'influence de la Chine dans la genèse et le développement de la doctrine physiocrate, Pirou, Etudes VIII, Paris, Sirey.

30 Adam Smith: Wealth of Nations, Book IV, Chapter II, § 9, Cannan (I), S. 421.

wärtigen Glauben an die selbstregulierenden Kräfte der Marktwirtschaft fehlt die numinose Stimmung. In den heutigen Bildern, in denen der Gedanke der Selbstregulierung auftritt, wird sie absichtlich vermieden. Die Denkwelt, von der dieser Glaube heute gestützt wird, läßt die unsichtbare Hand ganz aus dem Spiel und nimmt bewußt Rückgriffe auf die Naturwissenschaften vor. Heute sind Kybernetik, Systemtheorie und Chaoslehre die Wissenschaften, aus denen der Zeitgeist seine Überzeugung herleitet, daß man die Abläufe am besten sich selbst überläßt, daß sie die durch äußere Einwirkung nur zu störende endogene Fähigkeit haben, einen befriedigenden Gesamtzustand herzustellen. In der Kybernetik wurde zunächst die Technik mit ihren Selbstregulierungsfähigkeiten, für die der Thermostat prototypisch ist, herangezogen; in der Systemtheorie die Biologie, die aus der Selbstreproduktion der Organismen die Idee der Autopoiesis abgeleitet hat; in der Chaostheorie die Physik, die die Ordnung im Chaos festgestellt hat – all diese Rückgriffe auf exakte Wissenschaften haben dazu gedient, das Ominöse, das dem Numinosen anhaftet, zu vermeiden. Nichtsdestotrotz – oder vielleicht sogar: um so mehr – tritt der Effekt ein, weil das Walten einer unsichtbaren Hand hinter den kalt-rationalen Naturwissenschaften einen besonders geheimnisvollen Eindruck macht.

Bei genauerer Betrachtung nämlich gilt auch für die moderne Auffassung von Selbstregulierung Rüstows Wort, daß „unsichtbare Ursachen sichtbarer Wirkungen“ immer „etwas geheimnisvoll-unheimliches Mana- oder Orendahaftes“ an sich haben. Unterliegen sie heute zwar nicht „religiöser Verklärung und theologischer Hypostasierung“, so gilt doch auch für sie der von Rüstow zitierte alte Spruch *omne ignotum pro magnifico habetur*[31].

Unterschiedliche Ausgangslagen

Wenn man das heutige Vertrauen in die Selbstregulierung mit dem des 18. Jahrhunderts vergleicht, zeigen sich allerdings bedeutende Unterschiede. Der Hauptunterschied besteht darin, daß dieses Vertrauen in der Zeit der Aufklärung, in der Zeit des absolutistischen Staates also, zu völlig anderen Konsequenzen führte als das heutige. Denn damals bildete es die theoretische Grundlage für die Bereitschaft zu einer radikalen Veränderung, während es heute eine quietistische Haltung motiviert.

Dem aufmerksamen Leser, der das der Aufklärung zugeschriebene Motiv der Exogenität verfolgt hat, mag der Widerspruch aufgefallen sein, der darin liegt, daß in den vorangegangenen Betrachtungen Adam Smith – und mit ihm

31 Alexander Rüstow: Das Versagen des Wirtschaftsliberalismus, op. cit., S. 42.

die Aufklärung – in den Zusammenhang einer Auffassung gestellt wurde, die von endogener Selbstbestimmung der Abläufe ausgeht, während doch eingangs betont wurde, daß das Kennzeichen der Aufklärung eine Grundauffassung von Exogenität sei. Dieser Widerspruch erklärt sich daraus, daß in der Zeit des Merkantilismus, als der Staat alle Fäden der Wirtschaft in der Hand hielt, die Notwendigkeit eines exogenen Eingriffs – nämlich die planvolle Veränderung der Wirtschaftsverfassung – mit der Einsicht in die Endogenität der Abläufe begründet wurde.

Während man heute dazu neigt, das gesamte Systemgeschehen – mit anderen Worten: alles – als selbstreguliert und damit intrinsisch richtig anzusehen, während man heute nicht nur den Wirtschaftsverkehr selbst, sondern auch seine Rahmenbedingungen dem freien Spiel der Kräfte anheimgibt, ging es dem klassischen Liberalismus darum, diese Rahmenbedingungen grundsätzlich zu verändern. Eine weitere prinzipielle Verschiedenheit zwischen der Situation im 18. Jahrhundert und der gegenwärtigen ist mit Rüstow in den Blick zu nehmen. Während wir heute die verheerenden Wirkungen eines losgelassenen Liberalismus kennen, konnte es Adam Smith und seinen Zeitgenossen nur darum gehen, die Emanzipation der Wirtschaft aus der merkantilistischen Regulierung zu erkämpfen. Während wir heute vor der Aufgabe stehen, die

Bedingungen festzustellen, unter denen sich die freigelassenen Kräfte wohltätig entfalten, ging es im 18. Jahrhundert um die Freisetzung selbst.

Man kann deshalb nicht erwarten, daß Adam Smith bereits imstande war, die soziologischen und ethischen Bedingungen dafür anzugeben, daß die unsichtbare Hand auch tatsächlich wohltätige Wirkungen entfalten kann. Aber er kannte diese Bedingungen. Er machte sie nur nicht als solche explizit. In seinem Werk finden sich immer wieder Hinweise darauf, daß es zu seiner Zeit noch lebendige, ja selbstverständliche moralische Einschränkungen bei der Betätigung des Selbstinteresses gab. Immer wieder spricht Smith von dem „vom inneren Richter gebilligten", „wohlverstandenen" Selbstinteresse, von einem Handeln „innerhalb der Schranken der Gerechtigkeit". Auch Quesnay benutzt die Formulierung „intérêt bien entendu"[32].

„Hinter den sozialethischen Einschränkungen, denen bei Smith die Betätigung des wirtschaftlichen Eigeninteresses noch unterliegt, hatte ursprünglich die Sanktion von Religion und Kirche gestanden. Im Zuge der allgemeinen Verweltlichung waren jedoch als Garanten nur noch Gewissen und Sitte übriggeblieben, und der fortschreitende Auflösungsprozeß machte bei dieser Zwischenstufe nicht halt. Während

32 Ebd., S. 52.

aber die Schranken ihrer religiösen Würde immer mehr verlustig gingen, wuchs dem Eigeninteresse seinerseits eine solche Würde neu zu. Denn wenn der wirtschaftliche Eigennutz auf geheimnisvolle Weise einen unmittelbaren göttlichen Auftrag besitzt, von Gottes unsichtbarer Hand selbst geleitet wird, so hat er es schließlich nicht mehr nötig, sich von Menschen ethisch kontrollieren und einschränken zu lassen."[33]

„Competition was designed by Providence to provide an automatic substitute for honesty", zitiert Rüstow eine überspitzte Formulierung R. H. Tawneys[34] und fährt fort: „Und so wurden jene Einschränkungen und Vorbehalte, die wir bei Smith selber noch finden, von seinen fortschrittsfreudigen Adepten bald vollends überhört und vergessen. In durchaus unangebrachtem Gottvertrauen versäumte man völlig, das Kamel anzubinden. Wie hypnotisiert ließ man auch die schlimmsten Dinge geschehen, ohne sich auch nur zur Reaktion aufraffen zu können. Man hatte Gott walten lassen wollen und gab schließlich dem Teufel freie Hand, dem Teufel des Strebens nach Bereicherung auf Kosten anderer, der Machtgier und der Herrschsucht."[35]

---

33 Alexander Rüstow: Das Versagen des Wirtschaftsliberalismus, op. cit., S. 53.

34 Richard Henry Tawney: Religion and the Rise of Capitalism. A Historical Study, London 1927, S. 24.

35 Alexander Rüstow: Das Versagen des Wirtschaftsliberalismus, op. cit., S. 53.

Die bisherigen Gedankenlinien laufen darauf hinaus, dem Staat eine andere Rolle zuzuweisen, als es der klassische ebenso wie der Neoliberalismus tat. Denn das geforderte Subjekt, das von außen – in exogener Einwirkung – das Verhängnis abwenden kann, in das eine sich selbst überlassene Marktwirtschaft hineinläuft, kann nur der Staat sein. Dieser Gedanke widerspricht dem Ideal des Liberalismus auf schärfste. Denn ihm entsprach ein möglichst schwacher Staat, ihm entsprach das Staatsideal, das die Gegner des Liberalismus zutreffend als „Nachtwächterstaat" verspottet haben.

„Je schwächer der Staat war und je mehr er sich genötigt sah, sich auf die Wahrung von Sicherheit und Ordnung zu beschränken, um so weniger würde er – so dachte man – in Versuchung kommen, auf die Sphäre des freien Wirtschaftssystems überzugreifen. Das selbstgesetzte Ideal des Liberalismus war ein schwacher, zugleich jedoch neutraler und unabhängiger Staat. Es fiel niemandem auf, daß diese beiden Anforderungen kontradiktorisch waren. Niemand begriff die offensichtliche soziologische Wahrheit, daß Stärke und Unabhängigkeit des Staates interdependente Variablen sind und nur ein starker Staat mächtig genug ist, seine Unabhängigkeit zu wahren. Die fehlende Einsicht in diese soziologische Wahrheit wirkte sich bald verhängnisvoll aus.“ (siehe S. 31f. der vorliegenden Publikation)

Der Staat verlor seine Unabhängigkeit und unterlag den Angriffen der Pressure-groups. Rüstow beschreibt die Entwicklung als „Periode einer hemmungslos zunehmenden Ausdehnung der Staatssphäre [...], die schließlich zur Allmacht des totalitären Staates führen sollte. Zweifellos ist das eine immer stärkere Zunahme öffentlicher Macht. Aber nicht eigentlich, oder nur formell, der Macht des Staates im alten Sinne, sondern der Macht erst mehrerer, dann einer einzigen Interessentengruppe, *pressure group*, die sich des Staates bemächtigt hatten.“[36]

Die folgenden, dem in der vorliegenden Publikation wiedergegebenen Text (siehe S. 32f.) entnommenen Worte beschreiben den Parlamentarismus der Weimarer Republik – die Parteispendenaffäre der Gegenwart hat sie beunruhigend aktuell gemacht: „Die demokratische parlamentarische Struktur der wirtschaftlich führenden Staaten führte dazu, daß die Wirtschaftskorruption sich auf die staatliche Innenpolitik, die politischen Parteien und den Parlamentarismus selbst ausbreitete. Die politischen Parteien wurden allmählich in parlamentarische Agenturen wirtschaftlicher Interessengruppen umgewandelt und von ihnen finanziert.“

36 Ebd., S. 79.

Obwohl wir heute so unübersehbare Hinweise auf den Verfall von Staatlichkeit haben, wird in der Rückgewinnung von staatlichem Selbstbewußtsein und staatlicher Präsenz kein Heilmittel gesehen. Im Gegenteil: Die Forderung nach einer Dominanz des Staates gehört zu den Hindernissen, die der Rezeption des Ordoliberalismus heute entgegenstehen. Denn darin sind sich alle Zeitströmungen gegenwärtig einig: Vom Staat erwartet man nichts. Auch und gerade diejenigen, die den antimonopolistischen – mit Rüstows Worten: antikapitalistischen – Impuls teilen, wollen den Staat möglichst nicht ins Spiel bringen.

Dieses Hindernis wiegt um so schwerer, als es für die Veränderung, die zur Verwirklichung der ordoliberalen Zielsetzung nötig ist, nicht genügt, daß sich der Staat in die Rolle der Marktpolizei begibt. Zwar würde er sich in einem funktionierenden ordoliberalen System in dieser begrenzten Rolle befinden – zur Etablierung eines solchen Systems aber wäre zunächst einmal ein Coup de force nötig, der einen Staat verlangt, der mehr kann, als die Wirtschaft milde im Sinne einer freien Konkurrenz regulieren. Zur Etablierung einer solchen Marktpolitik bedarf es eines Staats, der bereit ist, gegenüber der Wirtschaft die Machtfrage zu stellen.

Da die Konkurrenzbehinderung eine globale Dimension hat, müßte eine effektive Dekonzentrationspolitik ebenfalls Weltmaßstab haben.

Wer sich mit dem Ordoliberalismus befaßt, muß sich deshalb mit dem Gedanken an eine weltweite Marktpolitik befassen – einem Gedanken, der infolge eingefleischter Idiosynkrasien auf Ablehnung stößt und nur dann eine Chance hat, akzeptiert zu werden, wenn die Dringlichkeit der Regulierung des weltwirtschaftlichen Chaos deutlich genug empfunden wird.

Walter Eucken

Ordnungspolitik

Der Band Ordnungspolitik enthält bisher unveröffentlichte Texte von Walter Eucken, der als "geistiger Vater der sozialen Marktwirtschaft gilt" (Die Zeit). Es handelt sich um Gutachten, die Eucken nach 1945 für die Alliierten entworfen hat. Euckens Ordoliberalismus wird seit Ludwig Erhard von allen Bundesregierungen in Anspruch genommen. Doch Walter Eucken strebte eine andere Wirtschaftsordnung an. Er entwarf – heute in der Krise der Globalisierung hochaktuell – eine Marktwirtschaft ohne Konzernmacht.
Mit einem Nachwort über Werk, Leben und Aktualität Euckens handelt es sich um die einzige Einführung in das Werk des wichtigsten Theoretikers der Wirtschaftspolitik im zwanzigsten Jahrhundert in Deutschland.
Die Reihe Zweite Aufklärung des Walter Eucken Archivs veröffentlicht aktuelle Weiterentwicklungen und vergessene Schriften des Ordoliberalismus sowie Texte seiner Vorläufer seit dem Beginn der demokratischen Moderne. Die Theorie des Ordoliberalismus geht weit über die Fachgrenzen der Wirtschaftswissenschaften hinaus. Sie ist wie die Aufklärungstradition, die sie erneuert: Angewandte Sozialwissenschaft auf breiter philosophischer Grundlage.

Bd. 1, 1999, 104 S., 24,80 DM, 12,90 EUR, gb., ISBN 3-8258-4056-5